EL PODER SANADOR DEL BAÑO DE SONIDO

RAIMON SAMSÓ

EDICIONES
INSTITUTO EXPERTOS

1ª edición: 2021

© 2021, Raimon Samsó (Reservados todos los derechos para la edición en audiolibro, ebook y papel)

Ningún fragmento de este texto puede ser reproducido, transmitido ni digitalizado sin la autorización expresa del autor. La distribución de este libro a través de Internet o de cualquier otra vía sin el permiso del autor es ilegal y perseguible por la ley.

Fotos autor: Cristina Gabarró

Corrección contenido: Cinta Pluma

Diseño cubierta: Dalchand Sharma

Ilustraciónes interiores: pixabay, adobe stock, pexels

Ediciones Instituto Expertos®

C/ Príncipe de Vergara 109 2º2º. Madrid 28002, España.

Este libro está licenciado exclusivamente para el uso personal; no puede ser revendido ni regalado a otras personas. Si deseas compartirlo con alguien, compra una licencia adicional adquiriendo un nuevo ejemplar digital. Gracias por respetar el trabajo del autor. Sólo si entre todos evitamos la piratería, el autor podrá publicar nuevos ebooks en el futuro.

Todos los derechos reservados, incluido el derecho de reproducción de este libro o parte de él, en cualquier forma y soporte.
Ningún fragmento de este texto puede ser reproducido, transmitido ni digitalizado sin la autorización expresa del autor. La distribución de este libro a través de Internet o de cualquier otra vía sin el permiso del autor es ilegal y perseguible por la ley.
El precio de este libro es especialmente reducido para que cualquier bolsillo pueda acceder a él. No participes en la piratería digital de material protegido, crea *bad karma*.

DISCLAIMER

Las opiniones y/o exposiciones del autor en este libro tienen sólo una finalidad educativa e informativa, y se basan, única y exclusivamente, en experiencias personales e investigaciones del autor.

El autor no se dedica a la terapia ni a la salud. Si usted padece alguna dolencia, acuda a su médico de confianza, infórmese y siga las instrucciones de personas colegiadas y autorizadas. Las propuestas terapéuticas presentadas no deben sustituir en ningún caso la consulta médica al especialista.

El editor no comparte necesariamente los criterios y propuestas del autor. Tampoco ha comprobado ninguno de los métodos que el autor expone en su obra.

Al silencio entre dos notas que las hace posibles.

La transformación es superior a la información. Escribo y publico libros que transforman vidas.

No me conformo con libros que informen de lo que se olvidará —en su mayor parte— a los pocos días. Pretendo la transformación del lector que, al convertirse en lo aprendido, nunca olvidará lo leído. No porque lo recuerde, sino porque lo es.

Raimon

ÍNDICE

Introducción	xiii
1. EL SONIDO ES ENERGÍA	1
Todo vibra (a diferentes frecuencias)	1
La física del sonido	6
Cimática, la forma del sonido	12
2. INSTRUMENTOS PARA EL ESPÍRITU	17
Elige tu instrumento ritual	17
Diapasones para afinarse	22
Cuencos tibetanos cantores	27
Gongs, el sonido del cosmos	33
3. BAÑO DE SONIDO	39
¿Qué es un «baño de sonido»?	39
«Baños de sonido» en grupo o en privado	45
Atmósfera del «baño de sonido»	49
4. SANACIÓN CON SONIDO	55
El sonido como terapia	55
Terapia de sonido binaural	61
Terapia con cuencos tibetanos	65
Terapia con diapasones	69
Terapia bio-frecuencial	74
Sanación de espacios	78
5. SANACIÓN CON LA VOZ	85
Entonar	85
Tararear	90
Sonido Consciente	95

6. AJUSTE DE CHAKRAS — 101
   Cuerpos etéricos — 101
   Protección del cuerpo sutil — 106
   Ajuste energético de Chakras — 114

7. SONIDOS SAGRADOS — 121
   Mantras — 121
   Bija Mantras — 129
   Sonido fundamental — 133

Conoce al Autor — 139
Te pido un favor — 151

INTRODUCCIÓN

En mi anterior libro «Secretos Espirituales Revelados», le dediqué un capítulo al sonido, las frecuencias y, en especial, a los diapasones. Muchos lectores me escribieron para consultarme sobre el tema; algunos me pedían consejos acerca del uso de los diapasones, otros sobre cómo aplicarse la protección energética... En este libro les respondo e incluso voy unos pasos más allá para dar más respuestas a otras preguntas. Además, también abro nuevos temas relacionados que yo mismo experimento.

Desde hace décadas, me intereso por los cuencos tibetanos, los mantras, la limpieza de espacios y el reequilibrio energético del cuerpo físico y del sutil. Pero en los últimos años he sentido que debía explorar nuevos terrenos y experimentar con el poder sanador del sonido. Este libro es un resumen de mi interés, de mi experimentación y de mi investigación sobre los sonidos que considero sagrados que tienen el poder de expandir nuestra consciencia.

Los chamanes lo saben, los lamas tibetanos lo saben, los nativos americanos lo saben, los rishis de la India lo saben... Todas las tradiciones antiguas han utilizado el sonido desde hace miles de años en su medicina, ritos y tradiciones. Tantas admirables culturas no pueden estar equivocadas.

No solo somos vibración, sino que estamos rodeados de sonido y vibración. El universo entero es vibración y, en cierto modo, ¡es música!

Lo que vas a descubrir son técnicas para equilibrar el cuerpo, la mente y el espíritu con herramientas sencillas; todas ellas emisoras de frecuencias vibratorias, como la propia voz.

Este es un libro para descubrir, a través de tu propia experiencia, el poder del sonido para transformar las frecuencias de la mente, las emociones y el espíritu. Para cuando termines esta lectura, conocerás diferentes métodos para reconectarte y reequilibrar tu cuerpo, mente, emociones y espíritu.

Algo tan sencillo como ciertos sonidos va a crear posibilidades ilimitadas. En este libro te hablaré de los «baños de sonido», la terapia vibroacústica, la sonopuntura, la entonación, el recitado de sencillos mantras, el sonido binaural, el elixir vibracional... Técnicas, algunas de ellas, milenarias, para el bienestar físico y mental. Te propondré experimentar inmersiones acústicas —sin agua, no te apures, no te mojarás— que afectarán a todos tus planos sutiles —nivel físico y energético—. Y te animaré a usar tu voz de un modo tan sencillo que no podrás negarte a experimentar.

Si amas la música, cosa que no dudo, te será sencillo realizar este viaje sonoro. Vivimos dentro de una composición musical obra de un Gran Compositor. Imagina que en el multi-universo, cada universo es una nota, todo es vibración; entonces, la suma de todos los universos deberán interpretar una composición sagrada. Tu universo es una densidad resultante de una frecuencia primordial y tu cuerpo la manifestación de la vibración divina. No estamos en medio de la Creación sino de la Composición.

Creo que cada uno de nosotros es un «programa de radio», sonando en una frecuencia de Hz y que todo ocurre en el éter. El sonido que se desprende se escucha en nuestro mundo visible y audible de la 3D.

No soy un maestro en el tema, ni me dedico a la terapia, solo soy un aficionado, enseño lo que sé. La intención de este libro es humilde y divulgativa. Muchos lectores agradecerían más profundidad en algunos temas expuestos; pero eso requeriría no un libro, sino varios. Cada apartado de esta obra merece un libro dedicado, pero no está ni en mi capacidad ni es mi intención. Me doy por satisfecho si, al menos, abro un nuevo universo de posibilidades para tu bienestar.

Raimon Samsó, autor

www.raimonsamso.com

UNO

EL SONIDO ES ENERGÍA

Todo vibra (a diferentes frecuencias)

«Al principio era el Verbo, el Verbo estaba con Dios y el Verbo era Dios...»

«En el principio era Brahman, con quien estaba el Verbo, y el Verbo era Brahman...»

Según muchas religiones y tradiciones de sabiduría, el universo fue creado de un sonido primordial. Y de la vibración de ese sonido no solo pareció la luz sino también la materia. Un sonido liberó patrones de manifestación desde del campo de todas las posibilidades; y, acto seguido, todo cuanto existe se hizo visible en el mundo de la forma.

La expresión védica: «Nada Brahma» —todo es sonido— significa que todo es vibración (aunque a diferentes frecuencias). Lo material y lo inmaterial son diferentes estados acordes con diferentes velocidades de onda.

Una de las disciplinas del yoga, el Nada yoga, se enfoca en la transformación del ser con el uso de sonidos sagrados o, mejor dicho, con su vibración (nadas).

En los siete principios herméticos del Kyballion, encontramos el principio (III) de la vibración: «Todo existe en la vibración».

Por su parte, los budistas creen que el mundo se creó a través del sonido y se recrea a cada momento con la vibración del pensamiento.

Y el mayor genio de la humanidad, Nicola Tesla, nos advirtió de que no podríamos comprender el universo sin entender antes la ciencia de la energía y la vibración.

En general, las religiones y las antiguas tradiciones de sabiduría sabían que el sonido no solo creó la forma, sino que además posee el poder de reorganizarla gracias a su potencial sanador.

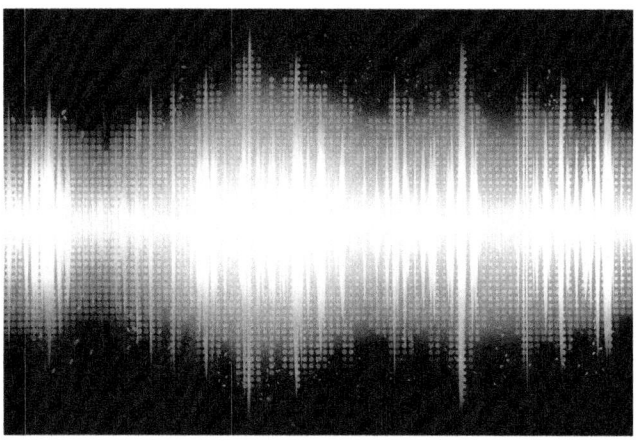

| El sonido crea el mundo de la forma

Allá a donde mires, encontrarás indicios de que el universo es vibración. Y si escuchas el silencio, oirás un latido primordial.

El verbo es sonido, el sonido es vibración —la fuerza creativa del universo—, y la vibración es la estructura del universo. En efecto, el sonido es la fuente de todo porque la vibración es la esencia de la realidad material e inmaterial. El sonido precede a la luz y la luz precede a la materia. El «sonido fundamental», del cual hablaremos más tarde, es la intención creativa de la divinidad con su propia frecuencia vibratoria.

Es mi creencia, pero he llegado a la conclusión de que el sonido es la principal fuerza creativa del cosmos. Lector, en este libro descubrirás en este libro es que el sonido tiene la capacidad de cambiar nuestra frecuencia vibratoria mediante la intención y la técnica adecuada.

Si nuestro ADN es el *mismo*, ¿te has preguntado por qué dos personas tienen apariencia diferente? A pesar de que sus componentes químicos y cromosomas son iguales, cada ser recibe al nacer una frecuencia personalizada. Ese «sello vibracional» de nacimiento produce un cuerpo físico y sutil con un acorde sagrado. Creo que recibimos de la Fuente una frecuencia única, un «sonido primordial».

Vayamos ahora al macrocosmos... ¿Sabías que la ciencia ha captado el(los) sonido(s) del universo? Aunque es un leguaje que no percibimos ni conocemos, ahí está, desde el principio de los tiempos. ¿Es ese ruido de fondo lo que da forma al universo? Yo creo que es el «latido del cosmos» y no de un corazón, sino de una inteligencia inabarcable al entendimiento. Busca «ruido universo» en YouTube. Luego regresa a esta lectura, en este capítulo vamos a calentar motores para el asombro que viene después.

El universo es vibración: radiación, luz, sonido y forma, también vacío no vacío. El universo, y todo lo que contiene, sea visible o no, ¡es vibración! Y si todo es vibración a diferentes frecuencias, es acertado tratar de afinar una vibración con otra vibración (es la resonancia). A fin de cuentas, los músicos llevan haciéndolo siglos: afinan sus instrumentos con otros instrumentos. Lo revolucionario de esta idea es que cuando comprendes que todo son frecuencias, entonces puedes modelar la materia a través de la frecuencia del sonido. Si no, ¿por qué la música ocupa un lugar tan destacado en la historia de la humanidad?

Con esta idea en mente, en este libro te daré a conocer múltiples opciones para usar el sonido y afinar tu vibración.

Nicola Tesla nos advirtió que si queremos entender el mundo físico deberemos antes comprender el mundo no visible de la vibración. No tengas duda al respecto, todo es vibración, a diferentes frecuencias y longitudes de onda, creando efectos muy reales, visibles, medibles. La luz es vibración liviana y la materia es vibración muy densa. Pero todo vibra.

Ahora, ¿podemos aplicar este paradigma a nuestra vida práctica? Por supuesto, para esto he escrito este libro. Puedes aplicarlo para:

- *Armonizar de tu frecuencia vibracional.* Somos antenas receptoras y emisoras de ondas. Y esas ondas son medibles: por ejemplo, un electrocardiograma, un encefalograma... Los humanos emitimos frecuencias todo el tiempo. Y tenemos la opción de elegir y modificar la frecuencia que emitimos a cada momento para transformar las experiencias que creamos. En eso consiste el don de la consciencia y el ejercicio del libre albedrío.
- *Sanar desequilibrios energéticos en tu cuerpo.* La *ley de la vibración*, tal como la aprendí, establece que una vibración elevada se corresponde con emociones elevadas, pensamientos elevados y capacidades extrasensoriales;

además de la activación de nuevas hebras del ADN. Los armónicos equilibran la velocidad de giro de los chakras.
- *Limpiar el aura y los espacios físicos.* Interactuamos en todo momento con el mundo que nos rodea y él interactúa con nosotros en reciprocidad. En un contexto vibratorio, todo afecta al resto por resonancia; como hacen los diapasones activándose entre sí al acercarlos. La cuestión es qué estamos emitiendo y qué estamos recibiendo, pues sin duda afectamos y somos afectados por el entorno.

Nuestra mayor responsabilidad como seres humanos, ahora mismo, es elevar nuestra frecuencia vibratoria. Contribuir a la evolución de la especie. Si te preguntas qué puedes hacer por el mundo y por ti, aquí lo tienes: vibrar alto. Un nivel de conciencia elevado es subproducto de una frecuencia vibracional elevada. Cuanta más alta es tu frecuencia vibratoria, más conectado estás con tu «Yo Superior» (y viceversa). Y eso no solo determina tu evolución, sino también la de la especie.

Pero, ¿cómo conseguir la elevación de frecuencia? El modo de elevarla es el autoconocimiento ya que eso te conduce a conectar con tu divinidad. Dedica tiempo a la introspección, a la autoindagación, a pedir y recibir, al silencio interior. En pocas palabras, elevarás tu frecuencia vibratoria con el auto reconocimiento y con técnicas muy sencillas de *mindfulness*. Sólo si reconoces tu poder podrás utilizarlo, de otro modo lo ignorarás y se desperdiciará. Si no conoces tu naturaleza divina entonces ni siquiera tratarás de despertarla. El sonido te ayudará a despertar aquello que desconoces de ti mismo.

Vamos a aprender a trabajar con instrumentos y también con la voz. Has llegado a este libro para abrir tu mente a nuevos territorios de la conciencia. Descubrirás el poder de entonar, tararear, tocar sencillos instrumentos... sin necesidad de saber música. Aún no lo sabes, pero podrás disolver energías negativas acumuladas, cambiar tu estado de ánimo, activar los chakras (ruedas de energía que actúan como portales) y mucho más...

Bienvenido a los «baños de sonido» y la terapia de sonido.

¿Qué tal te suena todo esto?

 La vibración del Amor afina el alma.

La física del sonido

Antes de adentrarnos en este viaje, es preciso que entiendas algunos conceptos básicos de acústica que usaré en lo sucesivo y que te ayudarán a entender los próximos capítulos. Si vas a adentrarte en el mundo del poder sanador del sonido, deberás comprender estos conceptos:

- Frecuencia
- Armónicos / Sobretonos
- Resonancia
- Arrastre.

La frecuencia es el número de crestas, olas o ciclos por segundo. El Hertz (Hz), la unidad de medida de la frecuencia, cuenta los ciclos por segundo; tal como se muestra en el siguiente gráfico. Tanto las ondas sonoras, como las ondas mentales, se miden en unidades Hz. Y eso no es una casualidad. Cuanto más lentamente vibra una onda de sonido, más grave se oye y menor es su medida en Hz. Y viceversa, las ondas rápidas crean sonidos agudos de muchos Hz. Por ejemplo, un «diapasón OM» vibra a 136,1 Hz por segundo y un «diapasón ángel» vibra a más de 4.000 Hz por segundo. La diferencia es enorme.

El oído humano puede captar una banda de sonidos, pero no los sonidos que caen fuera de esa banda. Hay sonidos, infrasonidos y ultrasonidos; todos ellos son ondas mecánicas que se propagan a través de la materia (ya sea sólida, líquida o gaseosa). En condiciones normales, podemos oír sonidos desde 16 a 25.000 Hz. Y el resto de sonidos, por encima y por debajo, son infrasonidos y ultrasonidos respectivamente; no audibles para nosotros, pero posiblemente audibles para otras especies animales. Por ejemplo, los delfines captan frecuencias de más de 180.000 Hz, pero estamos hablando de una especie que está en otro nivel auditivo.

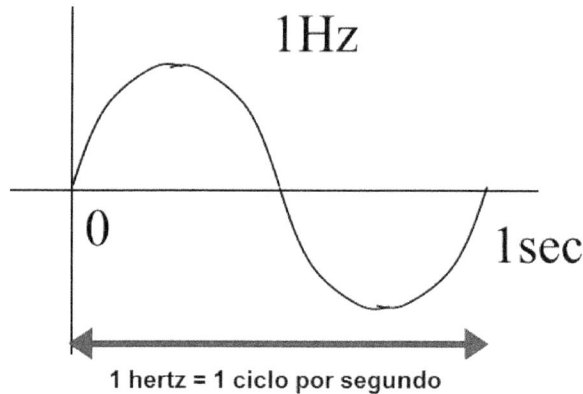

| Gráfico de onda sonora

Ya sabemos qué son las frecuencias de sonido, pero ¿qué son los armónicos?

Los armónicos son sonidos derivados de una «nota fundamental» o inicial que se superponen en diferentes capas y envuelven a la nota fundamental. Es una escalera sónica que se encarama. Esa serie de notas derivadas de la fundamental, siguen una secuencia y es lo que enriquece el sonido y le da cuerpo. Su progresión es logarítmica, armónica y tiende al infinito más allá de lo audible. Y este es el nudo gordiano del tema que nos ocupa: los armónicos son el secreto de la sanación con sonido. Basta recordar que el poder sanador del sonido se debe a la creación de los armónicos vocales o instrumentales.

En otras palabras, los armónicos son sonidos dentro de otro sonido, son la causa del timbre de los instrumentos y de las voces humanas. Los sobretonos (sonidos dentro de sonidos) son derivaciones de la nota fundamental que se extienden hasta quedar fuerza del rango del oído humano. Lo cierto es que no existe una nota aislada, sino una miríada de tonos (sobretonos) que la acompañan y le dan profundidad. Los sobretonos son una escalera sonora ascendente de tonos desde la nota fundamental, creciente de forma geométrica, y que tienden al infinito (del sonido a la luz).

¿El sonido se convierte en luz? La sonoluminiscencia es el fenómeno de obtener luz a partir de la aplicación de ultrasonidos a una partícula de líquido que se convierte en plasma debido a las elevadas temperaturas y, al hacerlo, emite luz. Pero la maravilla no acaba ahí, la sonolevitación es la facultad del sonido para crear antigravedad y hacer flotar objetos materiales. ¿Cómo crees que se construyeron las grandes estructuras de piedra de la antigüedad? El sonido no solo creará materia, sino también luz; además de levitar sólidos y ser la medicina del futuro gracias a la sonoterapia. Todas estas tecnologías que provienen de las estrellas siguen retenidas pero se desclasificarán algún día.

La frecuencia más baja es la nota fundamental y las más altas son los armónicos.

La razón por la que los armónicos son tan importantes se explica por cómo suenan. Una nota tocada en un violín no suena igual que esa misma nota tocada en un piano. Ello se debe a que cada instrumento crea sus propios armónicos.

Los armónicos son un fenómeno tanto de la voz humana (que se ha entrenado antes para crearlos) como de los instrumentos clásicos, los de toda la vida. El canto de armónicos consiste en vocalizar dos o más notas al mismo tiempo. Es una técnica muy refinada que exige entrenamiento. Es una disciplina vocal muy compleja que antiguamente dominaban algunos monjes o lamas del Tíbet. Trata de escuchar una grabación de armónicos y lo entenderás. Te sugiero empezar con los The Gyuto Monks, que estoy escuchando ahora mismo. Eso sí, he de decirte que esta técnica es sumamente complicada y requiere de mucho entrenamiento.

Como verás en este libro, los armónicos crean cambios vibracionales que afectan el cuerpo: físico, mental, emocional y espiritual del ser. La resonancia entre nuestro cuerpo y los armónicos es la razón de la sanación, como he dicho anteriormente.

Y si el sonido armónico equilibra el cuerpo, también es verdad que los sonidos inarmónicos lo desequilibran. Al margen de gustos en la música, no produce el mismo efecto una sonata de Mozart que un concierto de *heavy metal*. El canon de armonía es una constante del lenguaje universal. Somos patrones de geometría sagrada y el sonido afecta a esa geometría, porque el sonido es geometría. Te lo voy a demostrar.

Ya sabemos que los armónicos de la entonación vocal modifican variables fisiológicas como las ondas cerebrales, el pulso cardíaco, la presión arterial… y más. Hay quien va más lejos y les atribuyen el poder de abrir portales dimensionales o de alterar el estado de conciencia (shamanismo).

Permíteme establecer esta metáfora: nuestro cuerpo es como una orquesta con muchos instrumentos coordinados en una gran partitura. Cuando un instrumento de esa gran orquesta desafina, desequilibra al conjunto de la orquesta. La enfermedad es el patrón disonante que no vibra en armonía. Gracias a la terapia de sonido podemos reintroducir la armonía por el efecto de la resonancia (de la que te hablaré ahora). Y así conseguir una reacción sanadora.

La inarmonía conduce a la enfermedad, la armonía conduce a la salud.

Vayamos al concepto clave de resonancia.

La resonancia es una relación entre dos objetos o sujetos que comparten la misma frecuencia de vibración. Y es por ello que «resuenan» en la misma onda. La resonancia pone en la misma sintonía, por ejemplo, a dos instrumentos musicales o a dos personas. Es algo que ocurre espontáneamente por simpatía. Y es que los iguales se reconocen —y se traen—. Un ejemplo es el acople de dos diapasones que se ponen a vibrar juntos cuando uno de ellos se activa. Es como si el otro le dijese «¡Eh!, soy igual que tú y te reconozco».

Hay dos tipos de resonancia: la simpática o libre, y la forzada o arrastre. La resonancia será libre o forzada en función de si se establece entre objetos de igual o diferente frecuencia. La vibración más fuerte se impone por razón de su fuerza y hace un arrastre. ¿A que ahora entiendes la simpatía o antipatía espontánea que sientes por ciertas personas? Todo es un juego de frecuencias.

Otro ejemplo de resonancia, es el fenómeno de «inducción». Inducción es el acoplamiento de diferentes sonidos. Esto se entenderá mejor con un ejemplo. En una sala le damos cuerda a una multitud de relojes de péndulo. Nos vamos y, al cabo de unas horas, volvemos a la sala y descubrimos que todos los relojes se han acompasado y van al mismo compás. ¿Magia? No, resonancia por inducción.

Hay muchos más ejemplos de resonancia, ya que forma parte de la naturaleza. Lo mismo ocurre con las luciérnagas cuya luz parpadea al unísono. O las mujeres que comparten habitación, a menudo acompasan sus ciclos menstruales. O los enamorados cuyos corazones laten a la vez porque sus células musculares del corazón, cuando están juntos, se acompasan. O los amigos que cuando charlan dicen o piensan las mimas cosas al mismo tiempo, porque sus ondas cerebrales oscilan sincrónicamente. Busca más ejemplos, el universo es pura vibración de resonancia.

El arrastre, como decía, es una relación forzada o inducida. Con el arrastre se desea modificar los patrones vibratorios de un sujeto para reemplazarlos por otros patrones oscilatorios. Se pretende cambiar intencionalmente la frecuencia de vibración de un sujeto. Por ejemplo: si suena la cuerda de un piano, su vibración fuerza a la caja de madera a vibrar, a pesar de tener frecuencias diferentes. O cuando pasa una moto frente a casa y su ruido atronador fuerza a la vajilla a vibrar.

Y aquí es donde entra en juego la sanación: modificar frecuencias inarmónicas de la enfermedad por frecuencias armónicas de salud. En este libro desarrollaremos el uso de instrumentos, y de la voz humana, para equilibrar chakras desafinados. Como éstos gobiernan los diferentes órganos, el efecto se trasladará a todo el cuerpo. Cada célula del organismo responde al sonido. Y el sonido puede afectarnos de forma positiva o negativa, por eso es de vital importancia estar atento a los sonidos que nos rodean. ¡Y también a las palabras!

Aprenderemos a protegernos y a reequilibrarnos con los «baños de sonido».

Y para concluir, te diré que conozco una hermosa leyenda al respecto. Se llama «El acorde perdido» o «El acorde de Dios» y habla de la existencia de un acorde sonoro que une al oyente con la Fuente. Gracias a ese pulso sonoro, el oyente consigue la curación completa de su cuerpo y la iluminación de su alma, pues entra en un estado de gracia y de conexión absoluta. Es un mito, pero debería motivarnos a investigar más sobre las posibilidades de la terapia del sonido.

 Si quieres encontrar los secretos del universo, piensa en términos de energía, frecuencia y vibración. *Nicola Tesla.*

Cimática, la forma del sonido

¿Recuerdas que te dije que el sonido es geometría?

Si vas a YouTube y buscas videos de «cimática» entenderás la idea. Una imagen vale más que mil palabras y así comprobarás por ti mismo cómo lo invisible moldea lo visible, o cómo la vibración crea la forma. El sonido es creativo, también es curativo —incluso puede ser destructivo— y no debemos subestimar su poder.

En el 1800, el físico y músico alemán Ernst Chaldni hizo un experimento: rasgó el arco de un violín en el canto de una plancha de metal con arena fina. De pronto los pequeños granos de arena se organizaron de inmediato en preciosos patrones geométricos (ver ejemplos en la imagen).

EL PODER SANADOR DEL BAÑO DE SONIDO

Más tarde, el doctor Hans Jenny, médico e investigador suizo, estudió la relación entre la materia y las frecuencias de vibración sonoras. Y de sus descubrimientos nació una nueva ciencia: la «cimática». Su experimento era sencillo pero deslumbrante: colocó arena sobre una chapa de metal que hizo vibrar con un generador de frecuencias y un altavoz. Lo que comprobó resultó asombroso: el sonido crea patrones geométricos. Sí, el sonido se hace forma.

Y llegamos a esta correspondencia:

Frecuencia <=> Geometría

La cual es verdad en los dos sentidos. Veámoslo en imágenes.

| Patrones de arena creados por ondas de sonido

Si conoces los «crop circles», o círculos de las cosechas, verás que hay un gran parecido con la anterior imagen. Revisa mi anterior libro «Secretos Espirituales Revelados» donde le dedico un capítulo a este misterioso fenómeno todavía sin explicación, pero a que a tenor de la cimática parece que su formación se debería a una frecuencia sonora, o de otra naturaleza, de origen desconocido.

La ciencia de la cimática estudia «la forma del sonido». Sí, has leído bien, es literalmente la «observación del sonido». ¡Qué interesante parece esto! La ciencia es capaz de descifrar el proceso por el que el sonido (vibración ligera) crea patrones de forma (vibración densa). Ahora entenderás mejor el mensaje de aquella frase bíblica, «Al principio era el verbo», con la que abrí este capítulo. Y el verbo engendró el mundo. Las escrituras nos hablan de la cimática.

Hoy la ciencia cimática nos muestra, con experimentos empíricos, cómo la vibración del sonido pone en movimiento las partículas del aire e impacta la forma de la materia condicionando su forma.

Si has interrumpido tu lectura para revisar uno de esos videos en YouTube, te habrás sorprendido al ver cómo un simple golpe en una plancha hace que la arena se agrupe creando una forma geométrica concreta. Eres testigo de que diferentes notas crean diferentes patrones de forma. Ahora ya sabes cómo la frecuencia vibracional de las ondas sonoras crean patrones geométricos, simétricos y bellos, para cada frecuencia de vibración. A mí no deja de sorprenderme como los patrones geométricos aparecen ante mis ojos mientras el sonido pulsa y va cambiando. Y comprobar cómo cuando cesa el sonido, el patrón de forma se mantiene como una realidad estable.

El sonido crea la forma.

Ahora, piensa por un instante. Si gracias a la cimática podemos ver como el sonido reordena la materia, imagina lo que puede hacer ¡en tu cuerpo! He escrito este libro para transmitir la idea de que escuchar ciertos sonidos tiene el poder de reequilibrar la mente y el cuerpo.

EL PODER SANADOR DEL BAÑO DE SONIDO

Gracias a la cimática entenderás lo que ocurre en ti cuando estás expuesto a patrones de ondas sonoras, para bien o para mal.

Busca imágenes en Internet de los experimentos del investigador japonés Masaru Emoto y lo entenderás mejor. Lee sus libros. Emoto fotografió los efectos del sonido —y de las palabras— en la cristalización del agua cuando se congela.

Masaru Emoto confirmó, con pruebas fotográficas indiscutibles, que la vibración de una palabra, y la de música, crean patrones geométricos ya sean ordenados o desordenados. Por decirlo de una forma sencilla, el amor crea formas bellas y el miedo formas feas.

Cristalizaciones de agua expuestas a diferentes palabras

Masaru Emoto escribió varios libros sobre los efectos de la música y las palabras en las moléculas del agua. Mientras digieres esta idea, recuerda que los humanos somos un 60%, o más, de agua. Y fue él también quien descubrió que la música inarmónica —y palabras negativas— crean desorden molecular en el agua.

De la misma manera, las palabras agradables y la música armónica crean orden molecular en el agua. El doctor Masaru Emoto descubrió que las moléculas del agua se ven afectadas por nuestros pensamientos, palabras y emociones.

Y esto es sencillo de comprobar, basta con disponer de un buen microscopio y examinar agua congelada sometida previamente a diferentes palabras y sonidos. Cuando el agua es congelada, los cristales de hielo resultantes revelan la frecuencia de los pensamientos cristalizados bajo formas geométricas.

 Recibimos la vibración divina de la Fuente convertida en forma humana. Somos un fractal de la divinidad

DOS

INSTRUMENTOS PARA EL ESPÍRITU

Elige tu instrumento ritual

A lo largo de la historia la humanidad ha utilizado instrumentos musicales como herramientas de transformación. Ahora sabemos que el sonido reorganiza la estructura corporal y emocional de las personas, pero las tradiciones de sabiduría antiguas lo sabían desde mucho tiempo antes. Descubriremos juntos diferentes instrumentos con los que vamos a trabajar. Soy de los que creen que lo mejor es combinar varios de ellos.

Cada uno de los instrumentos que analizaremos en este capítulo tiene su propia personalidad y establece una relación muy estrecha con el intérprete que lo toca. Al elegir tus instrumentos (usarás varios en cada categoría), déjate llevar por la intuición y permite que sea el instrumento quien te *elija* a ti. De esta forma, nos convertimos en *instrumentos del instrumento* que tocamos. Ciertamente tú tocas el instrumento pero su vibración te toca a ti.

No caigas en el error de sacralizar el instrumento, pues no es un objeto lo que sana sino las vibraciones que emite, las notas y sus sobretonos. Aunque si eres animista, religión sintoísta, entonces... ¡todo tiene su propio espíritu!, incluso un tambor. Pero para ser precisos, he de decir que es el propio organismo el que se sana a sí mismo al reequilibrarse con la vibración armónica. Nuestro cuerpo posee la inteligencia innata para curarse, y si le damos lo que necesita, puede obrar milagros.

De los muchos instrumentos, yo tengo preferencia por los cuencos tibetanos, los diapasones y el tambor metálico de lengüetas (*tam drum*). Mi experiencia meditativa mejora mucho después de *afinarme* con notas armónicas; es decir, con una pequeño «baño de sonido». Me agradan especialmente los siguientes instrumentos metálicos, además de la voz humana y los cuencos de cuarzo, por supuesto:

- Los tambores metálicos de lengüetas
- Los cuencos tibetanos
- Los diapasones
- Los gongs
- Las kalimbas.

Hay personas que se prefieren otros instrumentos: como los tambores de chamán, *didgeridoo*, campanas de viento, los cuencos de cuarzo, etcétera. Todo está bien, es una elección muy personal, no hay mejor ni peor. Lo ideal es empezar por el instrumento que sea más asequible o sencillo, y luego se pueden ir probando otros para experimentar. Así es como se arma un «botiquín de primeros remedios» vibracionales para el alma.

Cualquier instrumento —que cree sonidos armónicos— te servirá pero tal vez los cuencos sean los mejores. Aunque vas a escuchar su sonido con el oído, trata de sentirlo con todo tu ser. Nota como resuena en una parte de tu cuerpo físico como un masaje de ondas sobre la piel. Notarás como el cráneo y el tórax en particular se convierten en cajas de resonancia que vibran con el instrumento.

No es necesario aprender a dominar un instrumento musical, ni estudiar música o educar la voz. La intención es crear sonidos, no música. A mí la música se me da muy mal, pero uso sin problema varios instrumentos como el tambor de lengüetas metálicas o la kalimba (además de los cuencos tibetanos y los diapasones) para crear vibraciones armoniosas que resuenen con mi cuerpo y mi espíritu. Unos minutos apenas son suficiente para crear un ajuste vibracional en mis cuerpos físico y energético. Es una buena forma de empezar el día o de iniciar una meditación.

| Tu botiquín de instrumentos para cuerpo, mente y espíritu

Si te preguntas qué instrumento es mejor para cada problema de salud, se dice que los instrumentos de percusión (gongs, cuencos, tambores) son adecuados para desequilibrios en el cuerpo físico. Y los diapasones y la voz humana son más adecuados para los desequilibrios emocionales. Pero también es verdad que los chamanes utilizan sus tambores, con sus ritmos repetitivos, para inducir estados alterados de conciencia, incluso de trance. Es verdad que hay instrumentos más y menos sutiles pero es algo muy personal. Yo amo los diapasones —son una herramienta más que un instrumento— por su efecto de rayo láser en los chakras. Aunque creo que mi instrumento número uno son los cuencos tibetanos. Los adoro. Te hablaré en este capítulo de cuencos y de diapasones con más detalle.

Se dice que cuanto más tocamos los instrumentos, mejor suenan ya que se activan con el uso más armónicos. Quizá sea por eso que algunas personas buscan antigüedades (por ejemplo, cuencos tibetanos con más de cien años) que resultan bastante caras. Sinceramente no creo que sea necesario. Los cuencos importados del Nepal son los más baratos y cumplen a la perfección.

Comprendo que algunas personas se inclinen más por la música, por composiciones. Se entiende por música sonidos organizados con patrones tales como melodía, ritmo, acordes, canto, etcétera. En este libro nos centraremos en sonidos y no en música. Veremos que los sonidos autoproducidos son la mejor forma de inmersión en un «baño de sonido» y que el mejor instrumento es la propia voz.

¿La música enlatada o grabada tiene propiedades beneficiosas? Es obvio que nada como los sonidos y la música en vivo para poder absorber todos sus armónicos. No es lo mismo el agua mineral que el agua destilada. Para que lo entiendas, la grabación es una experiencia auditiva y el sonido en vivo es una experiencia auditiva y kinestésica. Pero una buena grabación puede servir siempre que respeten el sonido original y no lo compriman como suelen hacer las plataformas de música de Internet. La compresión de audio significa comprimir los datos, la tasa de *bits*, para reducir el tamaño de los archivos de audio buscando la reducción de su «peso digital». Lamentablemente ello destruye el poder del sonido.

En efecto, al comprimir la música, se eliminan los picos altos y los picos bajos, evitando que se saturen los altavoces y dando prioridad al volumen en lugar de a la calidad. Si escuchas grabaciones en YouTube dedicadas a la terapia de sonido, encontrarás buenas grabaciones y así podrás aprovechar su potencial. Pero si escuchas un disco compacto convencional, o en una plataforma de música de Internet, olvídate de todo lo que te cuento en este libro. Esa música está capada.

Es por todo ello que hacerse con un instrumento tan simple como un diapasón, un cuenco de cristal o de metal, un gong, una campana, un *didgeridoo*, un tambor... es una opción segura. Recuerda que no necesitas interpretar música, sino notas, sonidos. Y no te olvides del mejor instrumento: tu propia voz, gratuito y te acompaña a donde vayas.

Si te planteas usar instrumentos más sofisticados como una guitarra eléctrica, un teclado... te diré que los instrumentos electrónicos no tienen *Chi*, carecen de alma y de armónicos, no son adecuados para la sanación; aunque puedan servir para la relajación al tocarlos. Los humanos resonamos con instrumentos acústicos pero no con los electrónicos.

Y por último, no olvides los sonidos de la naturaleza, como el canto de un pájaro, el fluir del agua en un arroyo o una cascada, el viento, el murmullo de las hojas de los árboles (mi preferido). La naturaleza es la banda sonora que toca la divinidad a través de la madre Tierra para todos nosotros. Consigues esa banda sonora adentrándote en un bosque y tomando un «baño de bosque» el cual, a la vez, es un «baño de sonido».

> El cuerpo es el instrumento del alma.

Diapasones para afinarse

Los diapasones te resultarán familiares si conoces el mundo de la música donde se utilizan para afinar instrumentos. Estos instrumentos de afinación están hechos de acero o de aluminio y constan de dos cabezas y una cola. También se describen con dos lenguas (horquilla en forma de U) y un cuello (mango o mástil). A efectos de este libro, los consideraremos como herramientas equilibradoras y afinadoras energéticas.

Lo bueno de los diapasones es que al hacerlos sonar, producen un sonido estable y preciso. Son muy previsibles. Un diapasón produce sonido puro, afinado con una única frecuencia fundamental que da paso a sobretonos, que en este caso son armónicos. Los haremos vibrar en áreas del cuerpo determinadas o sobre los centros energéticos conocidos por chakras. ¿Para qué? Para afinarnos.

Cuando se activa un diapasón, debe sostenerse siempre por su cola/cuello/mástil sin tocar las horquillas o se detendría la vibración. Para activarlos, los golpeamos en los pulpejos de las manos, en la base interior del dedo pulgar o en un taco de goma/madera. Los tratamos con mucho cuidado para que no se estropeen al golpearlos.

Si tienes la oportunidad de trabajar con diapasones de diferentes frecuencias (más abajo tienes una lista) podrás sentir cómo su vibración satura los diferentes chakras —cada uno tiene su frecuencia— y la absorben en la medida de lo necesario. Al producir un sonido débil, no son adecuados para los «baños de sonido» en grupo, pero sí para una sesión individual, en un espacio reducido. En este caso, se les añade un resonador o caja de madera para amplificar el volumen.

Hay muchas calidades —y frecuencias— de diapasones en el mercado. Los de acero son mejores que los de aluminio, su afinación es exacta y no pierden el tono con el paso del tiempo y el uso. En cambio, los de aluminio son más baratos y más manejables, además vibran más alto, aunque durante menos tiempo (a menos que se les añada un peso en el extremo) si los comparamos con los de acero. El peso añadido aumenta la duración de la vibración, pero reduce su volumen de sonido.

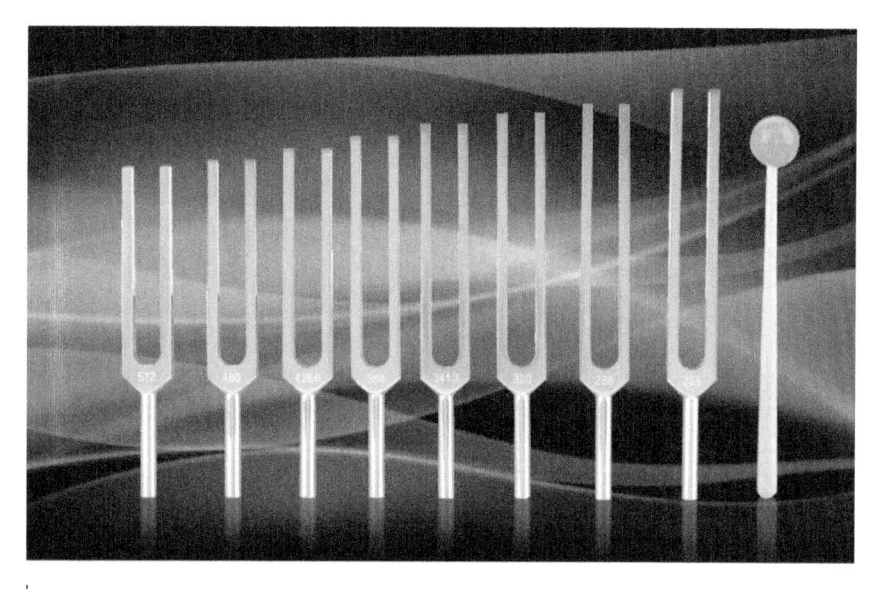

| Set de diapasones con diferentes frecuencias en Hz

Si dispones de un set, puedes aplicar cada diapasón a su chakra de correspondencia. Para que entiendas, 256 Hz significa que oscila 256 veces por segundo. Cada diapasón está calibrado a una frecuencia de vibración concreta, desde sonidos muy bajos o graves (menos de 100 Hz), a muy altos o agudos (más de 4.000 Hz).

Un ejemplo de un set muy completo es el *Espectro Solar Armónico*:

1. Raíz: C 256Hz
2. Sacro: D 288Hz
3. Plexo solar: E 320Hz
4. Corazón: F 341.3Hz
5. Garganta: G 384Hz
6. Tercer ojo: A 426.6Hz
7. Corona: B 480Hz.

Yo utilizo diferentes diapasones: el Otto de 64 Hz de muy baja vibración, el célebre diapasón Om, los tres ángeles de muy alta vibración, y un set de siete diapasones armónicos para los chakras. Si quieres empezar con uno, elige un OM de 136,1 Hz con pesas (para una mayor vibración) y no te equivocarás; es muy versátil y completo (es el diapasón comodín para todo). Puedes añadir el Schumann de 256 Hz nota C del chakra raíz y un tercero —una octava superior— C superior del chakra corona de 512 Hz. Los tres son una buena inversión. Encontrarás también en el mercado sets con siete diapasones, uno para cada chakra.

Aunque puedes trabajar con apenas tres diapasones si es que vas a experimentar por tu cuenta y sin invertir mucho dinero. De todos modos, si prefieres dejar todo esto en manos de un experto, puedes acudir a un sonoterapeuta. Busca terapeutas de sonido en la zona donde vives, hay más de los que imaginas; los encontrarás. Me sorprendió la cantidad de personas que se dedican a esto.

Hay dos tipos de resonancia: la libre y la forzada. Cuando usamos los diapasones trabajamos con ambas.

1. La *resonancia libre* se produce cuando las vibraciones de un objeto o sujeto alcanzan a otro objeto o sujeto quien, por afinidad —tienen idénticas frecuencias—, las replica. Se llama vibración por simpatía. Los iguales se reconocen y se

saludan en su mismo idioma. Ejemplo, dos diapasones afinados a la misma frecuencia se contagian la vibración al hacer sonar sólo uno.
2. La *resonancia forzada* produce el *arrastre* de frecuencias. En este principio se basa la sanación a través del sonido: el equilibrio sobre el desequilibrio. Cuando un diapasón que está vibrando se pone cerca o en contacto con otro objeto, el segundo objeto se ve *forzado* a vibrar en la misma frecuencia que el diapasón. Por ejemplo, si un diapasón se activa y se apoya en una mesa, ésta se verá forzada a vibrar a esa frecuencia. La vibración de la mesa, en contacto con el diapasón, se llama vibración forzada.

El fenómeno que más me llamó la atención respecto a los diapasones es que cuando se activa un diapasón, éste hace vibrar a aquellos diapasones que tengan la misma frecuencia en su área de influencia. Yo sabía que esto mismo ocurre con las personas; pero no sabía por qué, los diapasones me lo enseñaron.

Cuando un chakra no vibra a su frecuencia óptima, la terapia de sonido con diapasones (resonancia forzada) le hará recordar su frecuencia natural de equilibrio. El diapasón, a través de la *resonancia forzada*, produce vibraciones en otros objetos o sujetos, aunque no compartan las mismas frecuencia. Un diapasón le imprimirá a un chakra su tono natural de equilibrio al instante. Es un toque energético sanador. Yo los uso literalmente para afinarme los chakras. Cuando me noto desafinado, los vórtices energéticos están por debajo o por encima de su frecuencia equilibrada —tan negativo es que el chakra esté hiperactivo o como hipoactivo—, basta con un toque de sonido.

Un diapasón produce una frecuencia coherente y cuando lo activamos (con un golpe), extiende esa frecuencia a todo lo que entra en su campo de resonancia. De ahí, su capacidad de reequilibrar o ordenar el desorden energético. La versatilidad de los diapasones con sus múltiples frecuencias de afinación, te permiten experimentar sin fin.

Me interesé por el tema de los diapasones tras saber del Dr. John Beaulieu quien investigó sobre los efectos de la vibración sónica en el campo energético humano. Este hombre pasó cientos de horas encerrado en una «cámara de silencio», donde cada día dedicaba unas doce horas a meditar y hacer asanas de yoga, en el silencio absoluto. Afirma que fue capaz de escuchar «el sonido de su sistema nervioso» (dixit). Un día, se llevó unos diapasones a la camara de silencio y experimentó con ellos. Se dio cuenta como el «sonido de su sistema nervioso» se acoplaba al sonido armónico de los instrumentos. Podía «oír» incluso cómo se producía ese ajuste. Sus descubrimientos están descritos en su libros.

Bajo la resonancia de los diapasones (frecuencias ordenadas), el cuerpo energético se hace consciente de su desarmonía y se corrige. El «ruido» interior se equilibra con la resonancia armónica del diapasón. Las frecuencias más bajas en hercios —frecuencia de ciclos o vibraciones por segundo— armonizarán las disonancias más densas. Y los diapasones con altas frecuencias en hercios serán adecuados para armonizar los desajustes más sutiles. Afinarse con diapasones un par de veces al día es lo ideal. ¿No te lavas las manos varias veces al día?. Y aplicarse hasta diez veces el mismo tono de un diapasón por sesión, es correcto. Más no es necesariamente mejor.

Ya que hablamos de instrumentos de sonido, permíteme que te cuente una anécdota personal. Cuando en 1975 escuché por primera vez a la banda «Earth Wind & Fire» quedé profundamente impactado por su sonido. Recuerdo la conexión que sentí en ese momento, había encontrado mi música. Desde entonces, han sido —y son aún— mi banda número uno, sin discusión. Por su personalidad, letras, estilo de música... pero detrás de todo eso había algo más que me atraía y que desconocía. Años después, leyendo la biografía de su líder Maurice White, supe el por qué. Se trata de una «banda mística» al cien por cien. Sus portadas, sus álbumes, sus letras, su filosofía de vida... es espiritualidad. Es una banda musical de hombres que meditan, leen filosofía oriental, hacen yoga, comen sano, no se drogan, siguen su corazón y no el dinero... ¿Puedes creerlo? ¡Resonancia libre o simpática! Compartíamos la misma visión de la vida. «EW&F» representa todo aquello en lo que yo creo y por esa razón su frecuencia como grupo resonó con la mía desde el minuto cero.

Lector, todo es vibración, y la afinidad entre personas se explica por la similitud de frecuencia vibratoria; al igual que se explica la falta de sintonía por la diferencia de frecuencias... Busca ejemplos en tu vida.

> Los diapasones son como tenedores para tomar energía vibracional.

Cuencos tibetanos cantores

Son como una campana invertida, en forma de cuenco, para usar en rituales y no para contener agua o alimentos. Están hechos de varios metales (hierro, mercurio, cobre, zinc, latón...) y son muy utilizados por indios, nepalíes y tibetanos. Al contener varios metales, hasta siete, además por su forma, producen una variedad de sobretonos asombrosa. Vienen acompañados con una baqueta de madera para hacerlos sonar. Algunos son lisos sin decoración y otros tienen símbolos y palabras escritas.

Se conocen también con otros nombres, como por ejemplo: «cuenco cantor» (*singing bowl*) o «campana de meditación». Pero sería más adecuado llamarlos: «cuencos del Himalaya» ya que son varios los países donde se usan: Tíbet, India, Nepal, Bhutan, Japón, China... Los monjes tibetanos han utilizado estos instrumentos durante siglos —al menos desde el siglo diez—, para acompañar su oración y meditación. Los occidentales los estamos usando en sesiones de sanción energética, spas, baños de sonido y en clases de yoga.

Después de la vergonzosa invasión del Tíbet por la China —y la cobarde reacción del resto del mundo—, los comunistas prohibieron usar metales en la producción de productos tan «frívolos» como los cuencos. Probablemente prefieren usar la materia prima en armas. Hoy en día, los cuencos proceden mayormente de Nepal.

Un cuenco cantor antiguo está hecho de una aleación de siete metales diferentes (oro, plata, estaño, cobre, plomo, hierro, mercurio) pero en la actualidad, por costes, se simplifica el proceso usando solo tres metales (cobre, bronce y hierro). Su sonido varía según peso, tamaño, aleación, forma, grosor, altura... además de si están hechos a mano o en el torno. Es imposible encontrar dos cuencos que suenen igual debido a todas esas variables de acabado que influyen en su sonido. Por esa razón, desaconsejo su compra *online*, hay que tañerlos y escucharlos siempre antes de decidirse por uno.

Los cuencos se afinan con el uso, el uso activa sobretonos. Suelen llevar grabados mantras auspiciosos, los cuales impregnan de su vibración el éter cuando se hacen sonar. Ésta es una filosofía muy tibetana, como las banderas de oraciones agitándose al viento, o hacer rodar los molinillos de oraciones. Automatizan la oración mientras se ocupan de otros asuntos.

Hay cuencos de muchos tamaños, materiales, calidades, antigüedad y decoraciones. Pequeños de menos de 15 cm de diámetro, medianos de 15 cm a 30 cm, y los grandes que tienen más de 30 cm de diámetro. Cada cuenco cantor tiene su propio tono o afinación. Escúchalo y déjate llevar por tu intuición, más caro no significa mejor. Cada cuenco suena diferente a los demás; y no solo eso, su sonido cambiará con el tiempo y el uso. El uso hace que se activen más armónicos: es como la voz humana que mejora si es educada. Al margen de su tono, los sobretonos son el gran secreto que encierran estos sencillos instrumentos.

| Cuencos tibetanos

Los hay antiguos (con más de 75 años), lo que dispara su precio, pero es más el capricho que la necesidad. Los cuencos pequeños, de menos de 15 cm de diámetro, suenan más agudos, eso significa que se emparejan fácilmente con los tres chakras superiores. Los cuencos mayores de 15 cm. suenan más graves y se emparejan mejor con los chakras inferiores. Los encontrarás en el mercado a diferentes precios, pero el promedio suele estar entre 30 euros y 50 euros para uno pequeño y de más de 100 euros para los grandes.

Una de las formas de hacer *cantar* un cuenco tibetano es por fricción. Se coloca el cuenco sobre la palma de la mano izquierda —sin agarrar el cuenco porque impediría que éste resonara— y se frota su borde superior con la maza de forma firme pero suave, constante y lentamente. Es mejor apoyar la maza en posición algo inclinada sobre el borde del cuenco. A los pocos segundos, emergerá un intenso sonido lleno de sobretonos que le confieren un sonido multidimensional.

Es un sonido continuo que nos invita a penetrar en una frecuencia envolvente. Si observamos que el cuenco chirría al frotarlo, podemos evitarlo aumentando la presión de la maza sobre el cuenco y también disminuyendo la velocidad de rotación. Más decibelios no es mejor, pero más armonía siempre es lo óptimo.

Si hacemos fricción hacia la derecha —sentido agujas del reloj—, entramos en expansión; si lo frotamos hacia la izquierda —sentido antihorario— entramos en contracción, según lo que necesitemos en cada momento: mirar hacia afuera o adentro. Si buscamos sanar el cuerpo físico, a la derecha. Si buscamos sanar el cuerpo etérico, e incluso limpiarlo de energías parasitarias, a la izquierda.

La otra forma de tocar o activar el cuenco cantor es percutirlo con la maza en su borde superior, ya sea por dentro o por fuera (yo prefiero por dentro). Puedes colocar el cuenco sobre el pecho (o sobre otros chakras) y sentir su masaje vibracional. Es una sensación muy agradable. Si asistes a otra persona puedes colocarlo en su espalda o sujetarlo cerca de su cabeza. Los huesos de la columna actúan como caja de resonancia. Para percutir el cuenco usa una maza de madera, a veces forrada con fieltro o con cuero (viene incluida con el cuenco).

Golpear el cuenco siempre con delicadeza, aporrearlo no crea armónicos sino ruido y eso invalida su cualidad sanadora.

En cualquier caso, las claves son: no agarrar el cuenco, solo sostenerlo sobre la palma de la mano. No frotar demasiado rápido para evitar que chirríe. Ejercer una presión con la baqueta adecuada y continua para no perder su canto. Y dejar que se extinga el sonido antes de volver a percutirlo con la maza. Eso nos da tiempo a absorber sus ondas y el cuenco recupera el silencio. La combinación de ambas maneras a la vez, frotar y percutir, es muy poderosa y produce armónicos completos.

Dicho esto, no se trata de hacer música ni de hacerlo bien o mal. Cada uno debe experimentar y encontrar los tonos y el volumen que le encajen mejor en cada momento. Es algo flexible y muy personal. Por último, una consideración tántrica: el cuenco simboliza la energía *yin* o femenina y la maza simboliza la energía *yang* o masculina por razones de forma evidentes. El simbolismo de la frotación y el canto lo dejo a tu imaginación.

Todo lo apuntado para los cuencos tibetanos también puede aplicarse a los «cuencos de cuarzo» que, por su composición cristalina mineral, establecen una afinidad especial con el cuerpo humano. Son más caros y delicados, pero te aconsejo que escuches alguna grabación hecha con ellos (en YouTube encontrarás muchas grabaciones). Enseguida te enamorarás de sus tonalidades que son imposibles de describir. He tenido la suerte de asistir a diferentes conciertos de cuencos de cuarzo (en una catedral, en una profunda cueva, en la sala de un teatro) y son toda una experiencia.

| Cuencos de cuarzo nevados

Son más delicados que los metálicos y tienen un sonido muy penetrante. Los hay nevados, cristalinos o transparentes y coloreados. En tamaños que van de los 15 cm de diámetro hasta los 50 cm. Pueden coleccionarse de diferentes tamaños para abarcar una gama amplia de frecuencias. La belleza de colocar una pequeña vela dentro de ellos los convierte en «lámparas de sonido».

Los más resistentes son los nevados y tal vez los más bonitos. Empezar con un nevado es una buena decisión. Algunas personas cuando los compran ¡los programan! con un pequeño ritual antes de usarlos. Es una forma de darles la bienvenida a casa y de decirles cuál será su fin.

> Los cuencos tibetanos son los instrumentos más versátiles para la sanación.

Gongs, el sonido del cosmos

Para mí, el gong es el sonido del universo.

Si tienes oportunidad de asistir a un «baño de sonido», presta atención a este instrumento y sumérgete en el sonido del gong. Te darás cuenta de que es un sonido primordial que proviene del cosmos. A mí siempre me transporta a los confines del espacio.

El gong es uno de los instrumentos más antiguos. Se ha utilizado durante miles de años por diferentes culturas en ceremonias y rituales. Y aún hoy día se sigue utilizando en el yoga y la meditación, y por supuesto en la terapia del sonido. Es el elemento principal en los «baños de gong» que son una variedad de los «baños de sonido». En los «baños de gong» se usan diferentes gongs. El instructor se llama *«gong master»* y hace que la intensidad crezca gradualmente hasta un punto cumbre del que descenderá progresivamente en el último cuarto de sesión. Es una experiencia muy intensa.

El gong se considera tan antiguo como la Edad de Bronce, entre el 4000 y el 3000 A. C. Es originario de la cultura sumeria del área de Mesopotamia, en Oriente Próximo. Por aquel entonces, los primeros instrumentos contenían un metal raro que se decía que provenía de las estrellas... el níquel. Aún no se extraía de la tierra, así que todo el níquel del que se disponía entonces provenía del espacio. Se conseguía en donde habían caído asteroides y quedaba accesible en la superficie terrestre. Por esa razón, se les consideraba gongs sagrados. Hoy, por lo común, su aleación incluye cobre, zinc y níquel.

Mucho tiempo después, Sidartha el Buda mandó que todos los gongs llevaran inscritas las palabras del mandarín: «Tai Loi», que significan: «El bien ha llegado» para proclamar así «el triunfo de la felicidad en la Tierra».

El gong atrae la atención hacia el cuerpo, por lo que libera la tensión corporal y la energía mental, lo que conduce a la calma. El gong es también una fiesta auditiva de armónicos y efectos binaurales. El sonido profundo puede liberar imágenes mentales, recuerdos y emociones. No es extraño llorar al son de un gong. La introspección a la que invitan permite la expansión de la conciencia hacia estados más profundos. No hace falta que diga que cada persona tiene una experiencia diferente con los gongs. Unos se pueden dormir y otros pueden llegar a estados de conciencia insospechados.

Los gongs son puro poder vibracional, son un instrumento de vibración masiva. Cuando se hacen sonar, producen múltiples tonos o sobretonos en una escalera ascendente de armónicos. Esa es una de sus virtudes, pero hay más. Como el sonido circula más rápido en el metal que en el aire, enseguida llenan el ambiente de frecuencias que se *escuchan* en la piel. El gong es un instrumento que amplifica las vibraciones con armónicos en infinidad de frecuencias. Cuando vibra un gong cerca, todas las células de cuerpo vibran con una gama de sobretonos que no conseguirás con ningún otro instrumento.

El gong produce sonidos complejos que convierten el instrumento en el protagonista central de un «baño de sonido» por su potente reverberación. Los armónicos se sobreponen, uno tras sobre otro, en capas de sonido, creando un multiverso de tonos y sobretonos... esa complejidad constituye su poder sanador.

Se le atribuye al gong diversas propiedades que yo no he podido comprobar: desmaterialización, levitación, rejuvenecimiento, inmortalidad... Corren muchos mitos alrededor del instrumento y siempre le acompaña el misterio. Se dice además que la inmersión de diez días en «terapia con gong» pueden sanar cualquier dolencia. Sea cierto o no, con lo que sí estoy de acuerdo es que constituye un puente entre los reinos visibles y los invisibles. Para mí es como una ventana entre la 3D y la 4D/5D. Es una herramienta de transformación (*trans*: más allá; *formación*: materialización). Tal vez, junto los cuencos cantores, sean un instrumento para el espíritu.

| Gongs: los hay de diferentes tamaños, afinaciones y aleaciones

Para usarlo, golpea con la baqueta acolchada el gong y escucha sus sobretonos envolventes en tu piel y tus oídos. No golpees fuerte, como habrás visto en las películas, sino delicadamente para no enojarle. O frótalo con la baqueta acolchada y se despertará. Permite que la saturación de tonos alcance y acaricie tus cuerpos: físico, mental, emocional y espiritual. Y notarás una sensación de éxtasis y bienestar. Experimentar con un gong comporta hacer una inmersión dimensional transformadora.

Si vas a hacerte con un gong, déjate aconsejar por un experto, es una inversión importante (según el tamaño, sobre los 1000 euros y más). Te daré algunos consejos y éste no te lo saltes: es mejor no comprarlo *online* porque no podrás probarlo antes (escucharlo). Aunque hay webs que incluyen grabaciones de muestra para que puedas escucharlo. Probar el instrumento y también las diferentes baquetas es imprescindible. Te darás cuenta de que ciertos gongs te atraen y otros simplemente no tanto. Tú eliges el instrumento pero él también te elige a ti.

Antes de comprar uno, debes tener en cuenta:

- Déjate aconsejar por expertos.
- Elegir marcas con prestigio (como Paiste) es una garantía de calidad.
- El 70% no son más que *souvenirs* o reproducciones sin calidad.
- Los de China, India y Nepal suelen ser de baja calidad.
- Los de alpaca alemanes suelen ser de buena calidad.
- Elige lo bueno, es para toda la vida; rechaza los baratos.
- Descarta las tiendas esotéricas no especializadas, acude a expertos.
- No compres gongs de segunda mano si no conoces al propietario.
- Más bonito no significa mejor, el sonido es lo importante.
- Céntrate en diámetros mayores a un par de palmos. Su tamaño importa.
- Compra una baqueta y un soporte de calidad.

Cuanto mayor es el gong, mayor es su resonancia y entonces su sonido reverbera más y dura más. También es importante el tamaño de la maza que afectará al sonido. Una maza larga y más pesada creará sonidos más profundos y duraderos. Te recuerdo que buscas intensidad y no volumen o decibelios. Los gongs más grandes pueden ser demasiado grandes para transportarlos fácilmente, ocupan espacio y requieren un soporte para sostenerlos pues son pesados.

Sin embargo, los más pequeños tienen la ventaja de que se pueden sostener con la mano mientras se tocan y se pueden mover durante la sesión de terapia. La nota fundamental en este tamaño de gong sigue siendo profunda y rica, relajante y adecuada para la meditación y los «baños de gong». Al poder transportarlo y guardarlo en un armario, el gong se convierte en un compañero para tenerlo en casa. Y sus precios son más asequibles, moviéndose bastante por debajo de los 1000 euros.

Como último consejo; si asistes a un «baño de sonido» o a una sesión con un sonoterapia, pídele consejo al instructor o al terapeuta, te facilitará sus proveedores y tendrás una magnífica referencia. Es mejor no escatimar dinero en perjuicio de la calidad, piensa que estás adquiriendo un instrumento de transformación personal y de sanción mente-cuerpo, con eso está todo dicho.

TRES

BAÑO DE SONIDO

¿Qué es un «baño de sonido»?

Los «baños de sonido» no son algo nuevo. Su origen se pierde en el tiempo de las antiguas tradiciones en diferentes continentes. Aunque puede parecer una moda reciente, ha sido usado desde hace miles de años. Constituyen una experiencia inmersiva en sonido dirigida al cuerpo, mente y espíritu para su sanación y reequilibrio.

Si la meditación resulta incómoda para la mente inquieta del occidental, el «baño de sonido» le resultará más cómodo, al permitirnos enfocar la atención en algo tan concreto como es el sonido. El sonido sirve de guía o como punto de foco.

Antes de seguir, déjame aclarar una duda habitual... No, no hay agua de por medio. No te preocupes, no vas a mojarte. La inmersión es en ¡un mar de ondas de sonido! Te *bañarás* en un mar de notas, tonos y armónicos. Y no hay que saber nadar o navegar, basta con escuchar y el sonido irá a donde deba ir y hará lo que tenga que hacer. La vibración es una clase de masaje que llega a todas las partes del cuerpo. Como dice el experto en gongs, Don Conreaux: «*Llenamos el cuerpo con vibraciones poniendo énfasis en la totalidad, y cualquiera que sea el problema, el sonido irá hacia este lugar que lo necesita y el cuerpo, con la resonancia, comenzará a recuperar su potencial vibratorio natural*».

Para mí, lo mejor de los «baños de sonido» es que no requieren de conocimientos musicales. El principio de la sanación con sonido es tan sencillo como permitir que sus vibraciones *toquen* nuestros cuerpos físico y sutiles. Basta con escuchar con plena consciencia.

Déjame aclarar que *escuchar* es una acción voluntaria, mientras que *oír* es involuntaria. Escuchar implica presencia y atención. Oír puede ser meramente casual. Si durante un «baño de sonido» te duermes, estarás oyendo aunque no escuchando. Tu cuerpo seguirá recibiendo beneficios, pero de forma inconsciente y atenuada. El poder de la intención requiere foco y atención. Aunque no es extraño dormirse durante un «baño de sonido», es mejor estar despierto, o en duermevela, para ser partícipe consciente de la sesión. Dormirse no es más que la prueba de que las vibraciones han reducido las ondas mentales al nivel del sueño.

Un «baño de sonido» es una experiencia inmersiva de sonidos —de ahí que se llame baño— que afectan a los cuerpos sutiles y físico. Se utilizan una gran variedad de instrumentos, incluida la voz del instructor. Las ondas sonoras —como olas del mar— llegan una tras otra a quién recibe el baño (como la orilla de la playa). Ahora sabes por qué se llama «baño de sonido».

Un «baño de sonido» también es una sesión de introspección en la que basta relajar el cuerpo, cerrar los ojos y escuchar sin ninguna finalidad o meta, salvo permitir que las vibraciones del sonido masajeen los cuerpos físico y sutiles.

Las vibraciones de sonidos armónicos estimulan las ondas mentales alfa y theta, asociadas a los estados meditativos de conexión, receptividad, introspección, inspiración y creatividad. Estos estados mentales, al eliminar el estrés, son restaurativos y curativos. Un «baño de sonido» conduce a niveles de consciencia más profundos (pero no alterados) al conectar con el «Yo Soy». Dicho en otras palabras; la intuición y la inspiración son subproductos de tonos y sobretonos que activan las ondas cerebrales beta y alfa.

¿Cómo es la experiencia? En un «baño de sonido», las personas se tumban en el suelo, sobre esterillas. Pueden usar una manta para cubrirse si la precisan, cierran los ojos y permanecen atentas a los sonidos que creará el instructor con sus instrumentos. Cada instructor tiene su estilo y su método. Al cerrar los ojos, se limita en un 85% la información que el cerebro tiene que procesar, así se hace mucho más fácil la introspección.

El «baño de sonido» es un concierto de sonidos que tiene una duración variable, pero fluctúa entre una hora y una hora y media. Suele empezar con una sencilla relajación guiada, a través de poner consciencia en la respiración. La experiencia puede concluir con más respiraciones guiadas y una puesta en común de los asistentes sobre su experiencia.

Durante el «baño de sonido», el estado meditativo se alcanza de forma natural por las frecuencias de las vibraciones y resonancias. Lo que sigue es un estado de relajación sin perderse la conciencia. No se trata de meditar aunque se consigue un estado mental similar. Aquellos a quienes se les resiste la meditación por su cuenta —porque les parece algo aburrido—, la inmersión grupal en el sonido lo convierte en una experiencia placentera y absorbente.

Un «baño de sonido» es una meditación que en lugar de enfocar la atención en la respiración, en un mantra o en la vacuidad de los pensamientos pasajeros... nos pide únicamente enfocarnos en el sonido que nos envuelve. Ni siquiera nos exige que tratemos de imaginar qué efectos puede estar creando ese sonido. No hay nada que entender, simplemente se trata de abrirse a recibir. Si durante el «baño de sonido» distraen los pensamientos, simplemente se vuelve al sonido, una y otra vez.

| Un «baño de sonido» en pareja

Un «baño de sonido» es parecido a un masaje pero con ondas del sonido. No hay contacto físico, aquí la información es vibración que viaja por el éter. Es oportuno señalar que ésta no es una terapia física, ni un masaje propiamente dicho, por lo que no comporta ninguna clase de contacto. La vibración del sonido alcanza cada capa del cuerpo sutil y todo el cuerpo físico. Percibimos el sonido no solamente con los oídos y el cerebro, sino también con la piel.

En alguna ocasión puede ser apropiado añadir una intención a la sesión de sonido. Y dirigirlo mentalmente a una zona del cuerpo físico o del cuerpo emocional. También podemos imaginar el efecto deseado en cada uno de los cuerpos: físico, mental, emocional o espiritual. Cada sesión es diferente y cada experiencia es muy personal.

A mí me gusta *respirar* el sonido, mientras inspiro profundamente imagino que cada sonido se funde con el chakra que más lo necesita. Es fácil sentir como la vibración sonora resuena con el cuerpo físico. Otras veces, simplemente me dejo conducir a donde me lleven. Sé que soy un ser multidimensional y que hay planos superiores más sutiles que esta 3D en los que puedo fundirme con la totalidad del «Yo Soy».

Qué hacer y qué no hacer durante un «baño de sonido»:

- SÍ: Estar presente en el aquí y ahora.
- SÍ: Poner la atención en el sonido.
- SÍ: Relajarse y fluir.
- NO: Pensar en los asuntos personales.
- NO: Juzgar lo escuchado.
- NO: Crear expectativas.

Un «baño de sonido» es una rendición al momento presente. Significa dejar de lado el pasado y el futuro para centrarse únicamente en el sonido del momento. Sin evaluarlo —me gusta, no me gusta— y dejar que se dirija allí donde sea más útil.

Si quieres añadir una pequeña meditación a tu «baño de sonido», aquí tienes una:

Sigue las ondas sonoras, date cuenta cómo la fuerza del sonido inicial (fundamental) da paso a los sobretonos que enriquecen el sonido inicial y llenan el ambiente en el que estás. Los sobretonos que mantienen una relación numérica de múltiplo con la fundamental se llaman «armónicos»; y en caso de no ser múltiplos de la fundamental, se llaman «parciales». Después queda atento a cómo se desvanecen en el silencio hasta hacerse imperceptibles.

Reconoce las cuatro etapas del sonido: el silencio del cual emerge, el inicio del sonido, el desarrollo del sonido, y el final del sonido que te devuelve al silencio. Es una bella metáfora de la vida: somos una nota en la eternidad. Y acepta que lo que empieza, termina.

- Nada y vacío (silencio)
- Nacimiento y crecimiento (nota)
- Madurez y declinamiento (sobretonos)
- Nada y vacío (silencio).

Un «baño de sonido» es la forma más agradable de relajación que conozco. Es una inmersión de cuerpo, mente y espíritu en las ondas de sonido producidas por instrumentos sencillos como son diapasones, cuencos tibetanos o de cuarzo, gongs, tambores, campanillas y otros... De su simplicidad viene su utilidad. ¿Por qué baño? Por la capacidad que tiene el sonido para «limpiar»; de ahí que sea un baño, pues nos asea energéticamente. En términos informáticos, es como un «reseteo» del sistema operativo (conciencia) para funcionar más eficientemente.

Estás aprendiendo que el sonido puede cambiar las frecuencias de nuestras ondas cerebrales, consiguiendo el equilibrio entre ambos hemisferios cerebrales y conduciéndonos a una profunda relajación y expansión de la conciencia. Amén.

> Mientras las notas fluyen por el éter, la mente asciende a otro nivel de conciencia.

«Baños de sonido» en grupo o en privado

Los baños de sonido pueden celebrarse en grupo para sesiones en directo, o de forma individual con un instructor trabajando en exclusiva para ti. También con música grabada o siendo tú mismo el intérprete de la sesión que recibes aunque no podrás relajarte tanto como si alguien toca para ti.

Los baños en grupo son liderados por un instructor experimentado. Puedes consultar en Internet si hay programados en tu zona «baños de sonido»; aunque al no ser muy conocidos aún, tal vez te toque organizar en casa tus propios baños. El instructor es como el guía en un viaje. Solo que aquí el viajes es, a través de diferentes instrumentos y por frecuencias vibratorias. En este viaje, cada parada es un instrumento, un tono y un timbre diferentes.

El guía experimentado conduce a los viajeros en un viaje iniciático.

Los grupos pueden ser estables o con participantes cambiantes. Cuando se forma un grupo estable, las personas son más proclives a compartir con el resto sus experiencias y confidencias personales. Todo está bien mientras cada uno se sienta cómodo.

Una sesión de «baño de sonido» puede reunir docenas de personas que se tumban alrededor del instructor que dirige la sesión. Basta con tumbarse en la postura de *savasana* y relajarse... ¡y escuchar!

Una sesión individual auto impartida en casa es igualmente efectiva. Organízala reservándote tiempo suficiente, en un espacio tranquilo donde no te molesten. Rodéate de tus instrumentos para tocarlos a tu criterio. O consigue relajarte usando una grabación que previamente hayas hecho con tus instrumentos. O algo más sencillo aún: busca en

YouTube una sesión de «baño de sonido» y dale al *play*. Si se eligen sesiones grabadas, es mejor usar audífonos para aislarse del ruido exterior y recibir la música en estéreo. Cerrar los ojos es aconsejable para limitar los estímulos del exterior y dejar activo únicamente el sentido auditivo.

También puedes encargar una sesión en exclusiva para ti a un instructor de tu confianza; o para un grupo de amigos, un «baño de sonido» a la carta, donde tú eliges el día, la hora, la duración y la dinámica. El instructor se adaptará a lo que necesites tú o tu pequeño grupo. Es como invitar a un *chef* a tu casa para que cocine para un pequeño grupo, ¡o solo para ti!

| «Baño de sonido» individual al aire libre

Los «baños de sonido» grupales reúnen más energía. Como sabes, en un grupo se crea una resonancia en el campo mórfico. En grupo, los cambios ya no solo afectan al individuo, sino al grupo y además a la conciencia grupal de la humanidad.

Ya sea un «baño de sonido» en grupo o individual, grabado o en directo, auto producido o recibido, sus ventajas son múltiples:

- Reduce el estrés, la ansiedad, el insomnio y la hiperactividad.
- Alivia algunas dolencias físicas.
- Refuerza el sistema inmunológico.
- Equilibra los hemisferios cerebrales.
- Mejora la concentración, la creatividad y la intuición.
- Proporciona energía y vitalidad.
- Calma la mente y relaja el cuerpo.
- Procura un estado de inspiración.
- Conexión con nuestro ser interior.
- Desbloquea emociones.
- Invita a la expansión de la conciencia.
- Reequilibra la energía de los chakras.
- Reestablece el orden, el equilibrio y la salud.

Un «baño de sonido» es una afinación del ser en todas sus dimensiones.

Lector, ¿estás afinado? ¿Te has preguntado por qué la gente necesita cantar? ¿O por qué escucha cantar a otros? El sonido te conecta con emociones y estados de conciencia. Tras un «baño de sonido», las personas se sienten descargadas, aliviadas, ligeras y con más energía... Se equilibran. Es como llevar el automóvil al mecánico para que alinee la dirección de las cuatro ruedas, después circulamos mejor.

En mi caso, no he experimentado la «terapia de sonido» con un terapeuta especializado para resolver un problema concreto, ya sea físico o emocional, pero sí he experimentado el «baño de sonido». Y aunque ambas experiencias son puntuales, y tienen un costo, recomiendo trabajar con sonidos auto creados con la voz y con instrumentos a diario. Creo que la experimentación privada es de lo más efectivo, salvo que se precise terapia por algún motivo y se deba recurrir a un terapeuta vibracional.

Si no dispones de ningún terapeuta de sonido cerca de donde vives, y no se organizan tampoco sesiones de «baño de sonido», entonces puedes probar con videos en YouTube, algunos son excelentes. No es lo mismo porque te pierdes el toque kinestésico de la vibración sobre la piel, aunque conservas la experiencia auditiva. Aún y así, incluso un audio o un vídeo es una buena alternativa y para mí es aceptable.

Durante los «baños de sonido» percibo como mis campos sutiles o aura resuenan con ciertos instrumentos, como por ejemplo los cuencos tibetanos. Puedo sentir la vibración, no solo alrededor de mi cabeza, sino también dentro de mi cabeza. Y puedo diferenciar claramente el *toque* de las ondas sonoras fuera y dentro de mí. Otras parte partes de mi cuerpo también son muy sensibles a las ondas de sonido, como las plantas de los pies donde se aglutinan infinidad terminaciones nerviosas.

El efecto de una sesión es difícil de precisar y cambia según el día y la sesión; no puedo especificarlo a priori. No encuentro una palabra exacta que lo defina, pero «perfección» podría acercarse. Cuando sales conduciendo tu coche del concesionario, después de que tu automóvil haya sido revisado, notas una conducción «fina»; a esa sensación me refiero. La sensación de que todo está bien. Lo mejor es que el efecto es duradero más allá del «baño de sonido». Imagino que todas estas impresiones son muy personales y solo puedo recomendar, una vez más, la experimentación personal. Tienes que probarlo. Cada experiencia es distinta pero no deja a nadie indiferente porque es sumamente agradable y relajante.

> Cualquier logro para que sea duradero, ha de combinarse con la calma.

Atmósfera del «baño de sonido»

Crea en tu casa tu espacio sagrado, un lugar donde recogerse sea un hábito para reencontrarte con tu «Yo Soy». No es necesario levantar un altar o algo parecido, pero sí crear una espacio para tu introspección. Puede ayudar encender una vela o quemar incienso o simplemente limpiar, ordenar y hacer espacio para tu práctica diaria. Como siempre y es una idea muy zen: menos es más. Si dispones de diversos instrumentos, rodéate de ellos, serás tu propio instructor en tu sesión de sonidos.

Regálate un pequeño ritual de paz y sonido.

Un mini «baño de sonido» puede tomar veinte minutos nada más incluso menos, siendo el mínimo de cinco minutos el tiempo necesario para recibir beneficios. Si vas a usar el mejor instrumento, tu propia voz, te bastará con cinco minutos cada vez. Un par de sesiones al día está bien. Yo lo hago incluso en el automóvil, cuando conduzco solo, así no molesto a nadie con mi canturreo. Aprovechas tu tiempo y tus espacios en tu agenda para regalarte equilibrio.

Desactiva tu teléfono y aléjalo de ti, no deseas interferencias.

Bebe agua antes de un «baño de sonido». Es recomendable porque, como sabes, los humanos somos como mínimo un 60% de agua, que es un gran conductor del sonido (el agua conduce cuatro veces más el sonido que el aire). Y eso te ayudará a que cada célula de tu cuerpo reciba las ondas del baño.

La atmósfera es la energía del entorno, siembra luz para recibirla

Mis doce recomendaciones para un »baño de sonido» son:

1. No recibir el «baño de sonido» con expectativas, sino con apertura.
2. Beber un vaso de agua antes de la experiencia para una mayor conductividad.
3. Mantener una botella de agua cerca.
4. Mejor con el estómago vacío o con la digestión hecha.
5. Cerrar los ojos y conectar con la dimensión interior (pero puedes abrirlos también).
6. Añadir una intención (un deseo) a la sesión.
7. Empezar y terminar el baño con tres respiraciones profundas.
8. Usar una manta, o no, según la temperatura ambiente.
9. No tratar de entender qué sucede, sino dejarse llevar.
10. Vestir cómodamente.
11. Sentarse o estirarse de la forma que resulte más cómoda.
12. Disfrutar y relajarse, olvidarse de los asuntos del mundo.

Mis tres pautas durante el «baño de sonido» son:

1. Escuchar sin juicio o mente crítica.
2. Centrarse en el sonido y volver a él en las distracciones.
3. Terminar con una evaluación del cambio percibido entre el antes y el después.

En definitiva, fluir con los sonidos terapéuticos, sumergirse totalmente en el «baño de sonido», darse un *chapuzón* de frecuencias vibratorias sanadoras. Muchas veces, los «baños de sonidos» se organizan en locales de yoga de la ciudad; pero mejor si es en una casa de campo, en medio de la naturaleza, ya que el *chi* allí será diferente. Yo creo que la mejor experiencia es una combinación, en una misma jornada y en la naturaleza, de estas tres prácticas en las que he profundizado en los últimos tiempos:

1. Baño de sonido
2. Baño de bosque
3. Baño de tierra (*Earthing*).

El «baño de bosque», en japonés *Shinrin Yoku*, es una práctica meditativa japonesa que consiste en pasear en el bosque, con el objetivo de apaciguar la mente, recibir el *chi* del bosque, conectar con la naturaleza, relajarse y recuperar el bienestar y calma que las ciudades no nos proporcionan. Es tan sencillo como andar en silencio y recibir el *chi* de los árboles, dejarse acariciar por sus sonidos naturales y respirar su aire puro. Antes de entrar, recuerda pedirle permiso al bosque y agradecerle poder sumergirte en la atmósfera refrescante del bosque. Basta con escuchar activamente, permanecer tranquilo y dejar que los cinco sentidos perciban todo lo que les envuelve.

Baño de bosque, *Shinrin Yoku,* es el abrazo del bosque

El «baño de tierra» o *earthing* (hacer contacto de tierra con los pies descalzos) consiste en conectarse con la madre Tierra, simplemente haciendo contacto con los pies desnudos sobre la tierra. Treinta minutos bastan para sentirse renovado y cargado de buena energía. Lo que ocurre durante esta práctica, andar descalzo o sentarse simplemente sin zapatos, es que liberamos la acumulación de energías negativas. La madre Tierra nos libera de ellas.

Has de saber que las suelas de goma del calzado (por tanto, aislantes) del calzado, el asfaltado y las materias sintéticas que usamos en casa nos aíslan de la conexión con la Tierra; y esa es una de las razones por las que enfermamos. Somos víctimas del «síndrome de la desconexión» que deriva en infinidad de enfermedades. Un «baño de tierra» es el abrazo de tus pies por la madre Tierra.

¿Combinamos los tres baños? ¡Adelante! Imagina que una mañana temprano recibes una sesión de «baño de sonido» a primera hora; y con esa relajación, el grupo sale a pasear por un bosque cercano a la manera del «baño de bosque». Un tramo de ese paseo se hace con los pies descalzos para hacer contacto con la madre Tierra y descargar el exceso de carga eléctrica a la manera del «baño de tierra». Se llama *earthing*, averigua de qué trata y verás como mejorará exponencialmente tu salud...

¡Uno, dos y tres baños! No puedo imaginar una combinación mejor: sonido, bosque y tierra. Las tres prácticas que pueden llevar tu salud y bienestar a otro nivel. Y si vas a por nota alta y quieres añadir la guinda a este pastel de bienestar, abraza un árbol por unos minutos. Ya que andas en el bosque y el bosque te abraza; no estaría de más que te pararas y le dieras un abrazo a un árbol en correspondencia. Sé agradecido.

> Hemos perdido la salud porque hemos olvidado lo que nos la procuraba.

CUATRO

SANACIÓN CON SONIDO

El sonido como terapia

Imagina que andas descalzo por casa y te tropiezas con la pata de una mesa. Harás dos cosas: gritar y agarrarte el pie. Y lo harás de forma instintiva, sin pensarlo, porque las dos cosas te ayudarán a calmarte. Verbalizar una emoción es sonido y desahoga (terapia de sonido). La imposición de manos transmite energía (reiki) y alivia. ¿Te acuerdas cómo llorabas de niño? ¡Has aplicado la terapia del sonido desde la infancia!

Bienvenido a la sanación vibracional de la sonoterapia.

Hace muchos años, el famoso «profeta durmiente», Edgar Cayce, predijo: *«El sonido será la medicina del futuro»*. Y así pienso que será. El sonido tiene un inmenso poder y es mucho más importante de lo que el común de las personas puede comprender aún. No me cabe ninguna duda que el uso de frecuencias formará parte de la medicina del futuro. Apuesto a que el sonido será una medicina.

Pero esta opción no es del agrado de la «farmafia» que prefiere vendernos medicinas de dudosa efectividada elevados precios. Al *BigFarm* le aterra una práctica de la medicina holística basada en remedios naturales y no químicos. Éso les supondría quedarse sin clientes, sin enfermos crónicos y sin drogas que venderles. Su ruina.

El sonido como terapia no es una moda nueva o pasajera, los antiguos Vedas de la India ya la conocían. En sánscrito, *gandharva* significa «cantante experto» o «maestro de música», y *veda* significa «conocimiento» o «sabiduría»; ahí tenemos aplicaciones específicas del sonido descritas en las enseñanzas védicas con miles de años de antigüedad.

Los seres vivos vibramos en un determinado rango de frecuencias y cuando salimos de él, enfermamos porque estamos en desequilibrio. Es tan sencillo como esto. Entonces, sanar es recuperar la frecuencia vibratoria de la salud por el organismo. La sonoterapia nos ayuda a sanar mediante la aplicación de frecuencia vibratorias.

Estás a punto de entender el significado de la expresión: «salud vibrante». La idea primordial es aplicar al organismo vibraciones beneficiosas con instrumentos sencillos y con la voz. Los principios en los que se basa la sanación con sonido —sonoterapia— son la resonancia y el arrastre, de los que ya hemos hablado. Es por tanto una terapia vibracional.

Debido a que interactuamos con infinidad de personas, con diferentes frecuencias, y debido también a bajones de la vibración personal, acumulamos en el cuerpo sutil «desechos energéticos» que debemos limpiar. Cuando entiendes la importancia de ésto, empiezas a elegir la clase de energías —beneficiosas o perjudiciales— a las que te sometes.

La higiene energética se convierte en algo muy real a lo que prestar atención. La sanación con sonido nos ayuda en esta higiene energética a través del uso de sonidos, creados con instrumentos o con la voz. Por ejemplo, los chamanes limpian el aura de sus devotos con sonajeros de semillas o conchas. Hacen pasadas al rededor del cuerpo, mientras los agitan energéticamente, de cabeza a los pies. No es superstición, no es brujería, es sonoterapia.

De la misma manera que se puede diseñar la «carta astral» de nacimiento de una persona —posiciones de los astros en el momento del nacimiento—, también se puede establecer el sonido del universo en el lugar y momento de nacimiento de una persona. Es decir, el «sonido fundamental» de cada ser cuando llegó a la vida o su «carta de sonido». Identificar, conocer y reproducir ese sonido fundamental de nacimiento —*palabra de poder, mantra personal, sílaba semilla*— ayuda a reconectarse con la Fuente.

Imagina que las personas poseemos un sonido único de nacimiento; y que, bajo ciertas circunstancias, perdemos ese tono, frecuencia y sonido... Es entonces cuando llega la desarmonía. Y ahora imagina recuperar ese tono o frecuencia fundamental, esa afinación original de nacimiento; es entonces cuando recuperamos la salud. ¿Cómo te resuena?

Sanar es pasar de la inarmonía a la armonía. Si un órgano empieza a vibrar fuera de rango de su frecuencia natural, su patrón de energía cambia y entra en el rango donde enferma. La sanación con sonido como terapia ocurre cuando una persona recupera su tono innato de resonancia.

La idea básica de la terapia con sonido es recuperar el equilibrio de la vibración personal para recuperar la salud y el bienestar, que son nuestro estado natural. Cuando se restablece la resonancia vibratoria natural del cuerpo, éste sana. Y cuando se pierde, enferma. La terapia de sonido es eficaz porque no solo afecta al cuerpo físico, sino también al mental, emocional y espiritual. Es holística.

Dado que el cuerpo etérico es muy sensible a las vibraciones, en la sonoterapia se usan instrumentos, mantras, sílabas semilla y sonidos vocales para reequilibrar. El principio central en la terapia de sonido es la asunción de que toda enfermedad es una pérdida de la resonancia fundamental. Cuando los órganos recuperan su resonancia natural, se regresa a la salud.

| Sanación vibracional holística de cuerpo, mente y espíritu

La primera virtud del sonido es que tiene la capacidad de modificar las ondas cerebrales. Y la segunda es que incide además en el resto de planos sutiles del ser. La sonoterapia es un camino, en un viaje interior, en el que se pueden modificar los estados de conciencia.

Basta con escuchar y fluir porque el cuerpo absorbe como agua bendita la vibración que más necesita en cada momento en cada órgano. Y a su vez rechaza la vibración que reciba en exceso. El cuerpo humano sabe qué es lo que más necesita y se nutre de ello. La vibración siempre encuentra la zona del cuerpo físico y del energético más necesitada. Al penetrar las vibraciones en el cuerpo sutil, disolverán los bloqueos, lo que permitirá que el *chi* o energía vital circule normalmente en la zona afectada, permitiendo que sane.

A efectos de terapia, es mejor agregar una intención al sonido y «proyectar el sonido» a la parte del cuerpo que necesita reequilibrarse. Lo conseguiremos dirigiendo mentalmente la vibración a la zona que se quiere armonizar, simplemente visualizando su proyección, como una orden mental o un decreto.

La vibración del sonido estimula la liberación de hormonas y sustancias endógenas que cambian la química corporal con efectos positivos para la salud. Alcanza los tejidos, los órganos y los centros energéticos chakras y los meridianos o autopistas del *chi*. La terapia de sonido conduce al cuerpo de vuelta a su frecuencia de vibración natural. Tan sencillo que cualquiera lo puede entender. En resumen, la sonoterapia *afina* los órganos del cuerpo del mismo modo que un afinador afina un piano.

Algunos de los efectos beneficiosos del sonido terapéutico:

- Revitalizar células sanas.
- Reducción del estrés.
- Relajación.
- Reducción o anulación del dolor.
- Refuerzo del sistema inmunitario.
- Reequilibrio de emociones.
- Recuperación de enfermedades.
- Bienestar y serenidad.

La terapia de sonido es adecuada para todas la patologías que se desencadenan por el estrés —que no son pocas—, todos los estados de ánimo que se derivan del miedo y ansiedad —falta de amor— y toda conciencia de separación, individualidad y dualidad —desconocimiento de uno mismo—. Esta terapia es un delicado tratamiento complementario para mente, emociones y espíritu.

El uso del sonido para recuperar el equilibro y la salud, es hacer un reseteo energético para rejuvenecer el cuerpo, sanar las emociones y conectarnos con el espíritu. Su filosofía consiste en considerar al ser humano como un ser multimensional y le tratarle de forma holística.

Imagina cómo el aura de las células sometidas al sonido terapéutico, cambia de color y de forma porque eso es precisamente lo que ocurre (efectos comprobados bajo un microscopio y fotografías con cámara Kilian). Fabien Maman, músico e investigador, descubrió que las células que entran en resonancia con ciertas notas, modifican su aura (muestran mandalas de luz preciosos) y su color (adquiere tonos rosa —vibración del amor—, magenta y turquesa).

En su experimentación, F. Maman consideró de máxima importancia utilizar sonidos acústicos suaves. El volumen en decibelios no importa, pero la frecuencia lo es todo. Y observó que, si bien la nota tocada determinaba el color que emitía la célula, los cambios en la forma en la célula se debían a los instrumentos utilizados. ¡Cuánta magia a nivel microscópico!

Si alguna vez trabajas con el sonido sobre el campo energético, apreciarás que se deshacen bloqueos y finalmente se resuelven. O percibirás que el cuerpo sutil más cercano a ti es tu frecuencia actual y el más alejado de ti, las frecuencias de tus primeros años de vida (como los anillos concéntricos de una sección de árbol cortado). Al principio, cuando trabajas con sonidos, buscas una sensación física en tu cuerpo pero debes entender que lo que primero resuena es tu cuerpo sutil y luego baja a la densidad del cuerpo. Primero, la causa.

El aura actúa como un filtro de energías para el cuerpo físico.

No hay que confundir la terapia del sonido o sonoterapia con la musicoterapia. Son parecidas pero diferentes. En esta última, el enfoque se centra en los ámbitos: físico, mental y emocional; mientras que en la sonoterapia, además, se añade el ámbito espiritual. En esta obra, me refiero al sonido terapéutico, no necesariamente a la música. La musicoterapia se basa en escuchar composiciones musicales. La terapia de sonido se basa en frecuencias de vibración sobre el campo sutil del aura.

Me encanta escuchar a Mozart y Bach, dos compositores ideales para la musicoterapia, pero su efecto se me antoja poco duradero. La terapia vibracional del sonido, en cambio, me parece más profunda, enfocada, personal y duradera. En los «baños de sonido» buscamos una inmersión en frecuencias del aura, los chakras, las células y hasta el ADN. No nos conformamos con el oído, o el cerebro, vamos mucho más allá: el ser holístico.

> Si la enfermedad empieza en el cuerpo sutil, es ahí a donde debemos dirigirnos para sanar el cuerpo.

Terapia de sonido binaural

La terapia binaural (*binaural beats*) consiste en recibir un sonido en el oído izquierdo y otro sonido —en diferente tono— en el oído derecho. Ambos se combinan y se *escuchan* en el cerebro como un único tono binaural que es la diferencia de ambos. Cuando se solapan los dos tonos, la vibración conjunta se llama «latido binaural». De hecho, es una tercera frecuencia que resulta de la diferencia de las dos.

El «sonido binaural» no es un sonido en sí mismo, sino que es la diferencia de frecuencia entre dos sonidos. Este sonido en realidad se *escucha* dentro del cerebro como la diferencia entre ambos, ya que la frecuencia binaural es producto de los dos hemisferios cerebrales trabajando simultáneamente.

Y la clave en esto es que los sonidos binaurales pueden inducir ondas cerebrales deseables. A través de su frecuencia, o mejor dicho de la diferencia de dos frecuencias, se puede inducir (por efecto de arrastre) estados mentales deseables de: relajación, creatividad, memoria, meditación... cualquier estado que se considere adecuado para un fin concreto. Pero, además, tienen un efecto secundario muy interesante, y es la sincronización de los dos hemisferios del cerebro, lo que su descubridor, Robert Monroe, llamó «Hemi-sync» (sincronización de hemisferios).

El oído humano percibe sonido a partir de 20 Hz en el mejor de los casos, las conocidas como ondas beta. Pero ¿cómo inducir ondas de menor frecuencia como son las alpha, theta o delta que pueden llevar a la mente a estados más profundos? Con el «sonido binaural».

Por ejemplo, si oímos 124 Hz en un oído y 114 Hz en el otro, su combinación será su diferencia: 10 Hz, una frecuencia muy baja, inaudible para el oído, pero *audible* para el cerebro que inducirá el estado Alfa. En Alfa estamos despiertos, pero conectados con nuestra dimensión interior). Aquí estamos buscando frecuencias bajas por diferencial, próximas a 15-10 Hz que son los ritmos cerebrales de la relajación y conexión interior.

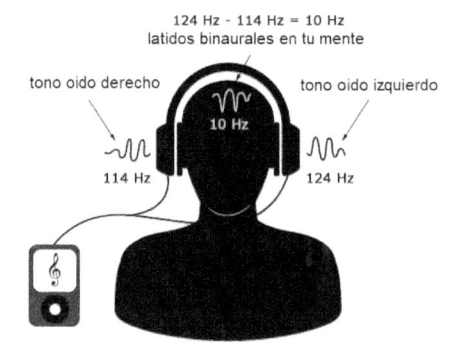

La frecuencia binaural se «escucha» en el cerebro

Los «sonidos binaurales» calman el diálogo mental y transmutan el estado de conciencia al reducir los ciclos cerebrales a frecuencias de onda alfa. Alfa es un estado mental entre la consciencia y la inconsciencia, una puerta abierta para acceder a la mente subconsciente y crear influencia en ella. No es un estado de vigilia pero tampoco es un estado de sueño. Es en ese «sueño consciente» o «consciencia onírica» donde mente y espíritu se encuentran.

Si quieres profundizar en este tema lee a Jose Silva (método Silva de autocontrol mental®) a quién estudié hace treinta años. Con él aprendí a relajarme profundamente y además, entre otras cosas, a programar mi mente para despertarme a una hora concreta, lo que conseguía sin la menor dificultad.

Jose Silva describe diferentes estados de conciencia con diferentes ciclos cerebrales:

1. Gamma: 31-100 Hz - Alta actividad mental. Alerta máxima
2. Beta: 16-30 Hz - Concentración, pensamiento, creatividad.
3. Alpha: 8-15 Hz - Calma y relajación
4. Theta: 4-7 Hz - Meditación, introspección, sueño REM

5. Delta: 0.1-3 Hz - Sueño profundo, inconsciencia.

Jose Silva explica cómo inducir «estados mentales alfa» —relajación, conexión, creatividad— para autosugestionar el cerebro de forma positiva. La idea aquí es que, según se desee un estado mental enfocado hacia el mundo interno o el mundo externo, estos estados mentales pueden inducirse con «sonido binaural».

La tecnología nos permite aplicaciones de sonido versátiles

Para el «sonido binaural» vas a necesitar usar auriculares para separar la entrada de los dos tonos. Si los audífonos cubren las orejas recibirás el 100%, si son intrauditivos recibirás el 80%, y si usas baffles de caja, solo el 30%.

Creo que la clave de los «sonidos binaurales» se resume en sincronizar los dos hemisferios del cerebro, como dice Robert Monroe, para así sumar recursos, inducir el estado de conciencia de la unidad y disolver la dualidad; y con todo ello, elevar nuestro nivel de conciencia y expandirla.

En el Instituto Monroe, crearon cientos de grabaciones diferentes con «sonidos binaurales» mezclados con música convencional y con sonidos de la naturaleza. Añadiendo música, la audición se hace más agradable al quedar las frecuencias binaurales de arrastre sónico en un segundo plano, apenas perceptibles aunque igualmente eficaces; pues se dieron cuenta de que las frecuencias «Hemi-Sync» funcionan a la perfección a nivel subliminal.

Si quieres profundizar el conocimiento de cómo el «sonido binaural» puede ayudarte en diferentes aspectos (método Hemi-Sync®) puedes buscarles en Internet. El Instituto Monroe produce música dirigida a la mejora de diversas capacidades mentales: atención, aprendizaje, memoria, relajación, meditación, sueño, sistema inmune, concentración, creatividad, gestión estrés, bienestar, emociones, autoestima...

Adicionalmente, en tu tienda de aplicaciones móviles encontrarás diferentes aplicaciones para escuchar «sonidos binaurales» *on the go*.

> No estamos enfermos, ¡estamos desafinados!

Terapia con cuencos tibetanos

Quiero ser sincero contigo, en la información que me consta sobre el tema no encontré ni rastro del uso de cuencos para la sanación. Sí que tengo constancia de su uso en rituales, ceremonias y meditaciones, pero no parece haber ninguna tradición tibetana del uso del sonido para la sanación física, mental o emocional. Quién sabe si antiguamente en la religión Bön, anterior al budismo, hubo algún uso al respecto.

Hay dos posibilidades. La primera; que sea una interpretación occidental, lo cual no me extrañaría ya que que en Occidente somos campeones mundiales en estrés y enfermedades. La segunda, que los monjes budistas sean muy celosos de su ciencia y deseen guardar sus secretos. Yo me inclino por la primera opción.

Sea como fuere, en Occidente hemos descubierto sus posibilidades terapéuticas y cuando mínimo relajantes. Tras años de experimentación, los cuencos tibetanos parecen ser una puerta de acceso a los chakras, y su uso ayuda tanto a su apertura como a su reequilibrio. Lo que sabemos es que los lamas budistas utilizan los cuencos en sus meditaciones los cuencos para crear estados alterados de consciencia, de forma parecida a lo que consiguen los chamanes con sus tambores. De ahí su uso frecuente en sus rituales y oraciones.

| Terapia de sonido con cuencos tibetanos

Se dice que la vibración de los cuencos tibetanos alcanzan todo el cuerpo, purificando y limpiando el campo energético de las personas. De ahí que sean usados para devolver la paz, la armonía y el equilibrio a mente y espíritu.

También se utilizan, debido a su poder purificador, para limpiar espacios, depurando cualquier energía nociva en el ambiente. Al margen de los usos tradicionales en el Tíbet y otros países de la zona, en occidente se usan por igual en la terapia de personas y la limpieza de espacios.

Si vas a usar este sencillo instrumento, pon atención en no golpear demasiado fuerte el cuenco porque en lugar de liberar armónicos, crearías solo ruido. El ruido estridente no es sanador, aunque sí puede limpiar un espacio de parasitación astral. Los beneficios de los cuencos provienen de los armónicos liberados en cascada que destila el instrumento cuando vibra.

Entre sus beneficios se encuentran:

- Armonizar chakras.
- Facilitar la meditación.
- Equilibrar sistema cardíaco y nervioso.
- Favorecer la calma.
- Expansión de la conciencia.

Conocemos dos técnicas para hacer *cantar* un cuenco tibetano: golpearlo y frotarlo.

La primera técnica es la forma más sencilla; por percusión. No se trata de usar la fuerza, sino la delicadeza para liberar la resonancia de todos los armónicos que el cuenco irá creando después del toque. La forma de sostener el cuenco es importante. En la imagen se ve el modo correcto de hacerlo: sostenerlo por la base sin tocar las paredes del cuenco para no bloquear la vibración. El siguiente paso es percutirlo con la baqueta de madera y esperar que su vibración acabe, antes de golpear el cuenco de nuevo con delicadeza el cuenco.

Técnica de frotado del cuenco tibetano

La segunda técnica consiste en frotar la parte superior externa del cuenco con una baqueta de madera (a menudo revestida con franela para suavizar el roce). Hay que sostenerla con la mano no dominante y quitarse antes los anillos para no interferir en la vibración. Mientras se frota, se percibe la vibración que desprende el cuenco tibetano al *cantar* (de ahí que se llamen cuencos cantores). La mano no dominante es la mano más receptiva a su vibración. Debes colocar la baqueta sobre el borde del cuenco, y muy despacio y ejerciendo una leve presión sin exagerar, frotar con la baqueta siguiendo el sentido de las agujas del reloj —o en el contrario—.

Tanto si golpeas tu cuenco tibetano como si lo frotas, experimenta acercándolo a diversas partes de tu cuerpo, túmbate boca arriba y coloca el cuenco sobre tu esternón; verás como tu caja torácica reverberará al unísono de las frecuencias sanadoras.

Sé paciente, sé delicado, sé curioso y experimenta. Una vez más, no es cuestión de fuerza ni de conseguir muchos decibelios, permite a tu cuenco liberar su repertorio de armónicos. Escucha sus sobretonos (sonidos dentro del sonido fundamental). Es una delicia escuchar sus tonos agudos y graves como el canto de un delfín o una ballena.

¿Cuántos cuencos necesitas? Empezarás con uno, pero después los irás coleccionando; es inevitable. Pero yo diría que con tres es suficiente: uno pequeño, uno mediano y uno grande. El pequeño es adecuado para los chakras de la cabeza y garganta, el mediano para los chakras del tronco y el grande para los chakras inferiores. Un ejemplar como el de la ilustración te costará por encima de 100 euros. Piensa que es una obra de artesanía, hecha a mano, y obtienes una campana sagrada que te acompañará de por vida.

> Los cuencos equilibran los chakras, nos recargan de energía y reparan el aura.

Terapia con diapasones

La terapia de sanación con diapasones propone dos técnicas: activarlos a unos centímetros del cuerpo (sonoterapia) o aplicarlos sobre el cuerpo (sonopuntura).

Empecemos por la primera técnica, la sonoterapia. Es tan sencillo como activar un diapasón y sostenerlo a unos diez centímetros del cuerpo hasta que se extinga su vibración. No es necesario que los diapasones toquen el cuerpo; aunque sí lo es en la sonopuntura. Basta con sostenerlos cerca de las áreas del cuerpo a reequilibrar y de los centros energéticos o chakras a tratar.

Si hay una parte específica del organismo que necesita esa vibración, la absorberá; si le llega en exceso, la rebotará. No hay problema de exceso o defecto de dosificación de vibración, se autoregula. Tanto la carencia como el exceso son el mismo síntoma de una desafinación que el diapasón corrige por el principio de la resonancia y arrastre. Como en todo, más veces o más volumen no es mejor, de modo que saturar los cuerpos sutiles y el físico con un exceso de vibración no es lo ideal.

Para activar los diapasones, es preciso golpearlos con, por ejemplo, una pieza de goma, como una pastilla de *hockey*. Si no se dispone de una, hay que elegir una zona del cuerpo insensible como los pulpejos de las manos o la base del dedo pulgar. No golpees tu diapasón contra una superficie dura porque podría crear muescas en el metal que cambiarían su frecuencia vibratoria.

Yo me aplico diapasones una o varias veces por semana, hago tres activaciones por cada diapasón —o frecuencia de vibración— dejando que se extinga la vibración cada vez. Si percibo un desajuste, entonces tres veces al día es mejor. En mi caso, no suelo hacer resonar un mismo chakra más de diez veces por sesión. Como siempre, más no es mejor.

La duración de una sesión de diapasones en mi caso es de apenas unos diez minutos.

Como dispongo de un set de diapasones, aplico cada diapasón a su chakra correspondiente. Pero otras veces utilizo uno nada más, como el diapasón Om de 136.1 Hz que es un comodín para todo propósito. Otras veces uso sólo un par de ellos, me encanta la combinación 256 Hz con 384 Hz haciéndolos sonar juntos a la vez (oído izquierdo y derecho). No los pego nunca al oído para no dañarlo, los mantengo al menos a cinco centímetros del pabellón auditivo.

Para el autotratamiento, me siento, cierro los ojos y me dejo guiar por la intuición y las sensaciones. Empiezo por el chakra raíz y asciendo por los siete chakras en orden sin saltarme ninguno. Después desciendo en orden inverso hacia abajo sin saltarme ninguno. Termino cuando me siento reajustado, lo que no toma más de unos minutos. Durante la jornada, a menudo uso un diapasón en mis descansos, siempre tengo un diapasón sobre mi mesa. ¡También me sirve de pisapapeles!

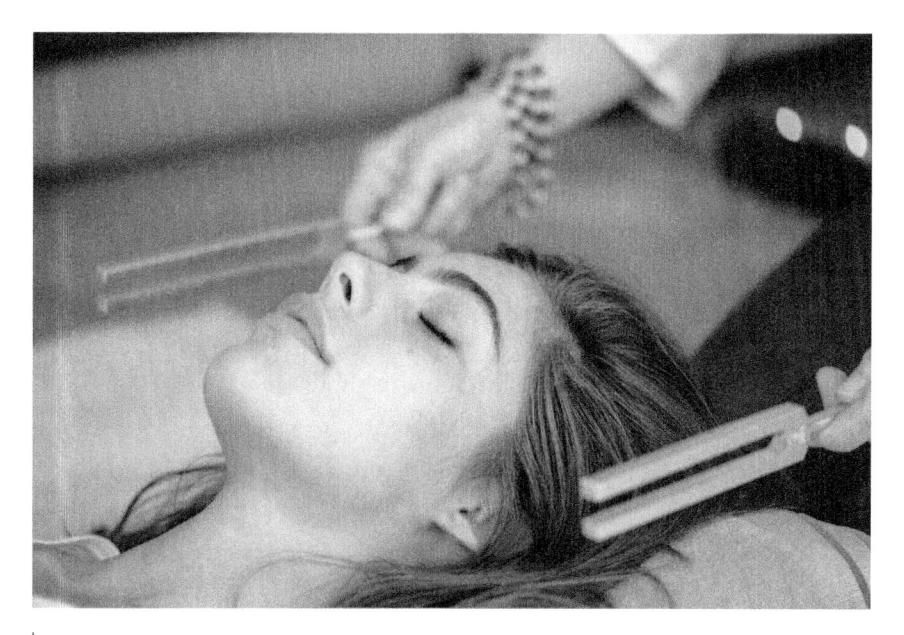

Sonoterapia con diapasones de diferentes frecuencias

Esta es mi experiencia. No sigo un manual de procedimientos, ni tengo una lista de bueno y malo... Actúo por intuición, experimento y compruebo cómo me siento antes y después. Si buscas unas instrucciones paso a paso, mejor pregúntale a tu intuición para que te guíe durante tu proceso de reequilibrio con diapasones. Fluye, déjate llevar por tu sabiduría innata.

Si recibes tratamiento de un terapeuta del sonido, seguramente prefiera aplicar los diapasones en la parte dorsal antes que a la parte frontal y ello es así porque la columna vertebral actúa como amplificador de resonancia. Y además resulta menos invasivo para el receptor.

Vayamos con la segunda técnica: la sonopuntura.

Sabemos que la acupuntura clásica (MTC, Medicina Tradicional China) trabaja con finas agujas colocadas en puntos y meridianos.

Veamos aquí cómo hacer acupuntura sin agujas y sin dolor, ¡con diapasones! (acupuntura vibracional). Cuando los diapasones se utilizan sin contacto con el cuerpo, resultan sanadores, pero no es sonopuntura sino terapia de sonido o sonoterapia. Ahora vamos a usar los diapasones como si fuesen agujas, con la salvedad de que se apoyan nada más sobre la piel.

Resulta una experiencia muy placentera sobre todo para los que detestamos los pinchazos de la acupuntura como yo. Es agradable aplicar la cola de los diapasones sobre los chakras especialmente en el vórtice energético del corazón, porque puedo sentir cómo reverbera mi tórax. Personalmente, suelo evitar aplicarlo directamente sobre mi tercer ojo o sobre mi chakra corona. Creo que el cráneo protege órganos demasiado sensibles para aplicar la vibración directa, me parece un poco agresivo. Pero no tengo problema en sostener el diapasón a unos tres centímetros de cualquier punto de la cabeza.

Como sabes, el diapasón crean armónicos que la piel absorbe y conduce allí donde se necesitan. Si se aplican diapasones sobre los puntos clásicos de la acupuntura, se obtienen los mismos efectos que con las agujas, incluso a veces efectos más rápidos. Es por ello que bastará menos tiempo de aplicación. Tres toques de diapasón y listo. En la acupuntura tradicional, el acupuntor suele dejarte tumbado media hora con las agujas clavadas, ¡menudo suplicio! Ya se sabe su gusto por las torturas chinas.

Aplicar un diapasón sobre la piel, en los puntos de acupuntura convencionales, es como plantar una antena que hace de puente entre el éter sutil del cosmos y el cuerpo físico. El pie del diapasón canaliza la vibración de armónicos hacia el cuerpo y las dos puntas actúan como antenas receptoras.

EL PODER SANADOR DEL BAÑO DE SONIDO

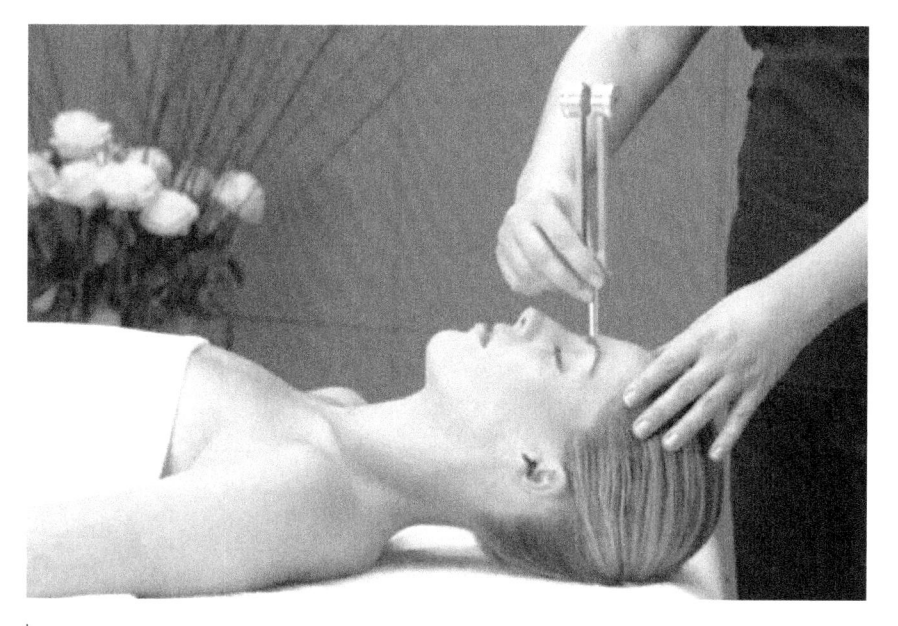

| Sonopuntura sobre el sexto chakra

La idea principal de la sonopuntura es que la cola, o base del diapasón, transmite la vibración (sin ningún tipo de molestia). Bien al contrario, se siente un agradable cosquilleo en la piel. Es fácil darse cuenta que las dos puntas del diapasón vibran dentro del campo áurico del receptor, tanto su plano físico como su plano sutil se ven ajustados por la vibración. De ahí que se trate de una terapia holística mente-cuerpo. Lo que más me gusta de esta técnica es que no sólo es indolora; sino más rápida y efectiva, aunque es menos popular ya que muy pocos acupuntores la conocen.

Si quieres profundizar, encontrarás manuales que detallan los puntos de acupuntura concretos a lo largo de todo el cuerpo, incluso libros de terapia con diapasón. Puedes enfocarte en los chakras principales o puedes aplicarlos en meridianos y puntos de acupuntura tradicionales lo que requerirá dominio en la medicina tradicional china (MTC). Si deseas experimentarlo, puedes acudir a un terapeuta de sonido calificado.

> ¡Buenas vibraciones! Los diapasones te proporcionarán toneladas de ellas.

Terapia bio-frecuencial

Conocí esta terapia del profesor y naturópata Jaume Garrit de quién fui alumno y de quién aprendí su técnica del «elixir bio-frecuencial» que detallo de forma resumida a continuación.

Ya hemos visto cómo trabajar con frecuencias de sonido, además de aplicar la vibración con la sonopuntura, ahora vamos a descubrir otra técnica que consiste en «beber frecuencias». Sí, como lo oyes, vamos a aprender a preparar un elixir bio-frecuencial que se puede tomar como los preparados de las flores de Bach. Se basa en los mismos principios.

- Escuchar frecuencias = sonoterapia
- Sentir frecuencias = sonopuntura
- Beber frecuencias = elixir frecuencial.

Si conoces la homeopatía o el método de las flores de Bach, la propuesta no debería extrañarte. El principio es el mismo, son terapias de frecuencias. En esencia, se trata de impregnar el agua con ciertas frecuencias y fijarlas en ella con alcohol para poder tomar ese elixir a discreción.

Pero antes de preparar el elixir, debemos diagnosticar la frecuencia faltante asociada a un problema de salud. Debemos hacer una lista de las afecciones, síntomas, problemas, molestias y patologías que experimentamos en este preciso momento, sean crónicas o puntuales. Después vamos a anotar todos esos síntomas o zonas afectadas en las dos plantillas que siguen abajo.

Quiero dejar claro que este «elixir bio-frecuencial» es complementario al tratamiento médico que sigas o debas seguir. No son pautas incompatibles ya que trabajar con frecuencias sólo hará que ayudar al tratamiento convencional, que nunca debes abandonar o sustituir por tu cuenta. Beber frecuencias no tiene efectos secundarios ni riesgo de sobredosis.

CHAKRAS / NOTAS MUSICALES

Do					
	Huesos / Dientes		Osteoporosis		
	Ext. Inferior		Colitis		
	Ext. Superior		Restreñimiento		
	Intestinos		Meteorismo		
	Próstata		Hemorroides		
	Ano		Fisura anal		

Re					
	Líquidos / Fluidos		Edemas	Fa	
	Riñón / Vejiga		Deshidratación		
	Org. Reproductor.		Anemias	Fa	
	Semen / Ovulación		Infecciones orina		
	Zona pélvica		Alt. Regla		
	Alt. cadera	Do	Litiasis renal		

Mi					
	Abdomen		Ciáticas	Do	
	Zona lumbar		Diabetes		
	Hígado / V. biliar		Digest. Lentas		
	Páncreas		Neuralgias		
	Sistema digestivo		Litiasis biliar		
	Sistema nervioso		Lumbalgias		

Simplemente anota una equis en la casilla donde sientas que tienes un problema. Cuando termines asigna un punto a cada equis que hayas anotado y suma dentro de cada nota musical (y su chakra asociado) el total. Lo entenderemos mejor con un ejemplo:

Fa	Espalda superior			Alt. Cardiacas		
	Pecho			Varices	Do	Re
	Sist. circulatorio			Distensión abdo.		
	Cavidad abdomen			Alt. Mamas		
	Zona Pulmón			Dolor pectoral		

Sol	Mandíbula			A T M	Do	
	Cuello / Nuca			Cervicalgias		
	Garganta			Tos / Bronquitis		
	Cuerdas vocales			Dolor garganta		
	Tiroides			Tortícolis		
	Bronquios			Resfriados	Fa	

La	Cara			Parálisis	Mi	
	Ojos			Neuralgia	Mi	
	Sinusitis			Alt. Sueño		
	Epífisis			Vértigo	Sol	
	Cerebelo	Si		Rinitis	Fa	
	Nariz					

Si	Alt. Emocionales			Migrañas		
	Cráneo /Traumas			Fórceps		
	Depresiones			Fobias		
	Ansiedad					
	Cefaleas					
	Cerebelo	La				

Imaginemos que obtienes: Do 4, Re 0, Mi 1, Fa 1, La 2, Si 4. Esto concluye que básicamente hay dos notas, dos chakras, comprometidos que son: el Do y el Si (chakras raíz y corona). El resto es de menor importancia por su menor puntaje; no digo que no los abordes en una segunda fase, pues todo importa y nada es irrelevante; pero lo primero es lo primero. Empecemos pues por lo prioritario y tiempo habrá de trabajar el resto después.

El Do es el chakra raíz y el Si es el chakra corona. Ahí es donde se produce el desajuste de frecuencia que manifiesta los síntomas y problemas de salud. Es por ello que deberás preparar dos elixires: Do y Si. Y ahora te contaré cómo hacerlo.

Necesitarás un gotero por cada nota que vayas a aplicarte, sal marina y coñac o bebida alcohólica de 40 grados que actuarán como conservantes de la frecuencia en el medio líquido. Además de un set de diapasones, uno para cada chakra. Aquí vamos a utilizar la tradición occidental, sin complicarnos mucho, adjudicando a cada chakra una nota de abajo a arriba y en sentido ascendente:

1. Raíz: Do, diapasón 256 Hz
2. Tantien: Re, diapasón 288 Hz
3. Plexo: Mi, diapasón 320 Hz
4. Corazón: Fa, diapasón 341.3 Hz
5. Garganta: Sol, diapasón 384 Hz
6. Tecer ojo: La, diapasón 426.6 Hz
7. Corona: Si, diapasón 480 Hz.

Llena un vasito pequeño con agua limpia y potable de baja mineralización, añádele una pizca de sal y también una décima parte del total de coñac. Mézclalo bien y después fija la frecuencia introduciendo la cola del diapasón activado de la nota que vas a diluir. En este caso el diapasón de la nota Do, 256 Hz, que harás sonar tres veces mientras y sumerges la cola del diapasón en el vaso tres veces también. Cuando termines, pasa el elixir del vasito al gotero, etiquétalo; y ya está, ¡tienes tu elixir nota Do 256 Hz. chakra raíz!

Durante la jornada, toma unas gotas (al igual como si tomaras las esencias de Bach), dejas caer tres gotas en tu boca y las retienes bajo la legua para absorberlas. Haz tres o cuatro tomas a lo largo del día. Sigue el mismo proceso con cada nota que te hayas prescrito. Así de simple. Recuerda que tomas frecuencias así que la cantidad no importa, da igual tomar tres gotas que diez.

Las frecuencias serán la medicina del futuro.

Sanación de espacios

Permíteme que me refiera al Feng Shui (FS), el arte milenario chino de la armonización de los espacios. Entre sus principios básicos hay tres ideas muy potentes:

1. Todo está vivo y es energía.
2. Todo está relacionado y afecta a todo.
3. Como está tu entorno estás tú.

Si comprendes bien estos tres principios, tu paradigma sobre lo interdependientes que somos todos de todos y de todo habrá cambiado. Hay gente que desea ser dependiente, otros independientes... pero eso son fantasías, me temo que sólo es real ¡la interdependencia!

El FS es una disciplina en la que son realmente buenos los chinos, es como la acupuntura pero aplicada a las casas, templos, comercios y despachos. Según el FS, una casa está *viva* y tiene su propia frecuencia vibracional. Lo que me encanta del FS es que todo problema tiene solución y a veces muy sencilla. En el contexto de la energía, los problemas aparecen cuando la circulación de la energía se ve demasiado acelerada, demasiado ralentizada o bloqueada. ¿Me sigues?

Te recomiendo estudiar los conceptos básicos de esta antigua ciencia para equilibrar espacios y refrescarlos energéticamente. Hay muchos manuales ilustrados en el mercado. El FS es un arte y una ciencia muy extensa que abarca infinitas soluciones a los problemas de quienes viven y trabajan en los ambientes. Como no puedo explicar aquí esta extensa ciencia, me limitaré a apuntar algunos de sus remedios utilizando el sonido. En efecto, uno de sus remedios son las «curas celestes», la aplicación de sonidos armoniosos.

Cuando queremos limpiar un espacio de las energías a la que se ha visto sometido un lugar, el sonido es muy eficaz ya que actúa como «jabón energético». Una de las formas más potentes de sanar una habitación es hacer sonar en su centro un cuenco cantor. Hay que repasar además las cuatro esquinas, una por una. Con esta sencilla cura, un espacio se deshace de viejas energías enquistadas, ya sean propias o ajenas, para dar paso a energía fresca y renovada.

Limpiar un espacio es fundamental:

1. Atrae mejor «suerte».
2. Atrae mejores oportunidades.
3. Activa el bienestar espiritual y material.

Cuando compres o alquiles una casa, lo primero que debes hacer es una buena «limpieza energética» para borrar su pasado energético. Nunca sabes qué ocurrió en un espacio, ni quién entró, ni quién vivió o trabajó allí. Con el tiempo, los patrones de energía atascados alteran el aura de los nuevos inquilinos. Ten muy presente que los espacios influyen en las personas que los ocupan... y viceversa.

Cuando el ambiente se siente muy pesado en una casa, es hora de hacer una limpieza energética a fondo y nada mejor que un sonido estridente. En todas las casas duerme una historia que es preciso limpiar. No me refiero necesariamente a sucesos trágicos, ni historias para no dormir, sino a pequeñas discusiones, visitas no apreciadas o emociones estancadas que crean un balance negativo con el que no deberíamos convivir. Las vibraciones de un sonido fuerte o estridente llegan hasta el último rincón y funcionan mejor que una capa o mano de pintura, las oraciones o el incienso.

Siempre que accedo a una nueva propiedad, el primer día que dispongo de las llaves hago una «limpieza de sonido» con un cuenco tibetano y con mis platillos tibetanos (*tingsha* o crótalos tibetanos, ver imagen abajo). Repaso cada habitación, una por una, poniendo especial atención a las esquinas donde se bloquean las vibraciones más antiguas. Golpeo mi cuenco con la baqueta en cada esquina y lo froto con la baqueta desde el centro de la habitación.

El cuenco tibetano, las campanas y los crótalos —o platillos tibetanos— resultan muy estridentes y estoy seguro que he alarmado a los vecinos más de una vez cuando las he usado, pero en estos temas nunca me la juego. Recuerda, cuando ocupes una vivienda o despacho, primero una buena limpieza energética con sonidos estridentes; y, después, un pintado de paredes, que también es muy efectivo.

| *Tingsha* tibetana

La vibración de la *Tingsha* es tan alta, sonido agudo, que es capaz de destruir literalmente las viejas vibraciones enquistadas de una vieja casa. Borrón (energético) y cuenta nueva. Se usan en meditación (en los monasterios del Tíbet) para que no se duerman los acólitos y, también, porque al hacerlos sonar producen dos tonos diferentes con una diferencia de 4-8 Hz, que es el rango de la actividad cerebral durante la meditación. Ya ves, los lamas budistas inventaron el sonido binaural antes que los occidentales y con un simple instrumento.

En porches, balcones y terrazas puedes usar una «campana de viento» (o carillón, ver imagen abajo), normalmente en madera o en bambú, pero también de conchas marinas, que suena con la brisa y produce sonidos muy armoniosos con el objeto de ralentizar el *chi* que circula en el exterior.

Para limpiar mis cristales de cuarzo utilizo el método que bauticé como «método microondas». Consiste en colocar el cristal de cuarzo dentro de uno de mi cuencos tibetanos (que actuará como recipiente microondas) y después activo el cuenco varias veces dejando que el sonido se extinga entre activación y activación. Eso deja a mis cuarzos —o lo que sea que limpio: colgantes, pulseras, malas, collares, anillos, etc.— asépticos energéticamente. Tan solo imagínate lo que debe ser estar dentro de un cuenco cantor mientras vibra al ser activado enérgicamente. ¡Increíble!

Utilizo el «método microondas» con un único objeto a la vez, pues cada cosa tiene su vibración y su propia necesidad de reequilibrado, de modo que nunca lleno el cuenco con diferentes objetos. También puedes colocar dentro del cuenco una nota de papel con una meta escrita, una petición, una oración, un decreto o afirmación; un lápiz de color del chakra que quiero equilibrar; una medicina que tomo; incluso un billete para aumentar el flujo de la abundancia. Al final debes tener en cuenta que trabajas con: frecuencias, información, intención, símbolos y energía.

Cuando usas un cuenco tibetano, el cielo es el límite.

En mi casa, disfruto desde hace más de veinte años de una campana de viento que forma parte de mi vida y de mis tardes de lectura en la terraza. Y dispongo de otro carillón, de piezas de nácar, en la puerta de entrada a la vivienda para saludar a las visitas con un sonido amistoso. Lo importante de los carillones es que hagan un sonido armonioso y que cuenten con una corriente de aire leve que los haga sonar suavemente.

| Campana de viento o carillón de bambú

Siguiendo con la limpieza del espacio: si además, de vez en cuando, quemas unas barras de incienso cargadas con una intención benefactora, pronuncias unos mantras auspiciosos y pones música armoniosa, no has de tener ningún problema de «mala suerte» en ese espacio. Adicionalmente, como sugerí, pintar las paredes ayuda a rematar la limpieza energética.

Si por tu trabajo, te mueves en entornos que no cuadran con tus valores y eres la «nota discordante», protégete reforzando tu aura. Hay espacios públicos y personas que no conoces que pueden drenar tu energía, no lo permitas. Siempre que ocupes una habitación de hotel, visualiza como la luz del amor limpia cualquier energía negativa de quienquiera que haya pernoctado antes de ti. En mi caso, me basta con proyectar símbolos de *reiki* en las cuatro paredes y techo para quedarme tranquilo.

Mucha gente está «desafinada» por exponerse a frecuencias inarmónicas (pensamientos, emociones, ambientes, personas negativas). El sonido tiene un poder inmenso para limpiar todo eso, suficiente como para promover la salud (pero también la enfermedad). Los sonidos armónicos sanan el cuerpo y el alma. El ruido y la desarmonía, en cambio, deterioran la salud y el ánimo. Por eso es tan importante vivir en un barrio sin ruido.

No te recomiendo exponerte a ciertos ambientes o personas de baja vibración. No tienes ninguna obligación. Ser selectivo es un tema de autorespeto y dignidad. Elige tus contextos, procura influencias inspiradoras. Y dispón de un método para asear tu aura y tus ambientes, te juegas tu salud mental, emocional y física.

> Como estás tú, está tu entorno; como está tu entorno, estás tú.

CINCO

SANACIÓN CON LA VOZ

Entonar

En este punto, ya conoces los instrumentos adecuados explorar su poder sanador, como cuencos cantores, diapasones, gongs... pero ¿y la voz humana? La voz es el instrumento más disponible. Veamos ahora cómo entonar y tararear son los usos más simples de la voz para nuestro propósito. En este apartado, descubrirás el uso terapéutico de la voz.

¿Qué entendemos por entonar? Entonar (*toning* en inglés) es vocalizar sonidos. Consiste en emitir un sonido y alargarlo de forma consciente para crear una resonancia sostenida y dirigida a partes del cuerpo. Entonar es un sistema de sanación que utiliza los sonidos vocálicos para modificar las vibraciones de las células del cuerpo.

No necesitamos saber canto, ni melodías, ni canciones. Se trata simplemente de modular diferentes sonidos e intuir en qué parte de nuestro cuerpo inciden. No hay apenas normas ni reglas, se trata de experimentar y dejarse guiar por la intuición.

Lo bueno de entonar es que no necesitas saber cantar ni tener buena voz. Solo se precisa una letra; por ejemplo, la letra «M» o la «O» o una de las cinco vocales. Si haces una práctica de entonación antes de una meditación, lo que siga será mucho más profundo. ¿Por qué crees que los monjes budistas entonan tantos mantras en sus rituales? Según ellos, los mantras son puentes entre lo visible y lo invisible, entre el mundo material y la dimensión espiritual. Los mantras conectan con la divinidad. Su poder deriva del uso devocional que se ha hecho de ellos durante siglos, esa intención acumulada recarga los mantras cada vez que son pronunciados.

La voz humana es es el instrumento más completo porque incorpora algo que los instrumentos materiales no pueden añadir a su sonido y es la intención de la conciencia. La intención es la imprenta del alma que dirige el sonido para cumplir un fin concreto. Es por esta razón que es el instrumento de sanción más poderoso. Y si me preguntas qué tiene más poder: la voz del sanador o la del paciente, creo que la propia voz del paciente.

Entonar tiene una ventaja sobre el uso de instrumentos y es que la voz vehicula muy bien la intención de la práctica. Quiero que sepas que la intención con la que se crea el sonido es tan importante como el sonido mismo. Y la intención se concreta en un objetivo y su proyección al mundo.

Entonar, tararear, salmodiar... con la propia voz pueden parecer actividades improductivas y, sin embargo, son unas de las terapias de sonidos más potentes porque el cuerpo reconoce la propia voz y sigue su dictado. Cantos, mantras, oraciones y canciones sirven de masajes para el cuerpo. La voz es nuestro instrumento para comunicarnos con los demás y con nosotros mismos. Cuando se activa la voz, el cuerpo resuena con su vibración. Es lógico pensar que diferentes frecuencias de vibración tendrán diferentes efectos en el cuerpo físico.

Enseguida conocerás simples pautas para hacerlo con provecho. Incluye esta práctica vocal, el «baño de sonido», en tu relajación o meditación diaria. Verás cómo la práctica de la entonación vocal es efectiva: repara lo que está roto. Al producir sonidos, emites y recibes las vibraciones que necesitas para recomponerte.

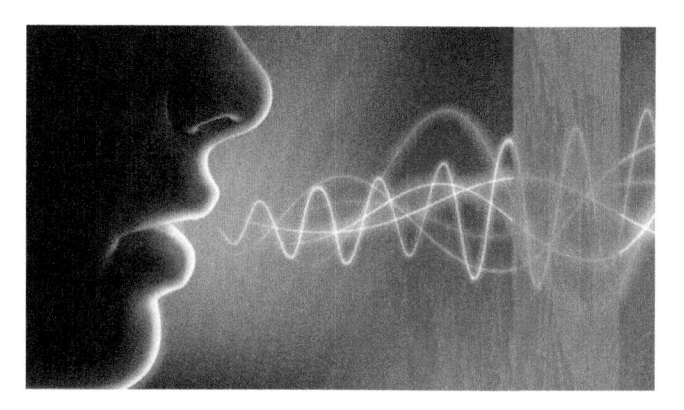

| La voz masajea cada célula del cuerpo

Pero pasemos a la práctica, bastarán cinco minutos al día. Lo mejor es reservarse un lugar y un tiempo para ello. Solo tomará unos minutos (cinco minutos está bien). Como por ejemplo la ducha —nadie nos oirá—, en el auto cuando viajamos solos —aprovechemos nuestros desplazamientos—, o cuando estemos solos en casa para que nadie nos interrumpa.

Es tan sencillo como:

1. Hacer tres respiraciones profundas para reconectarse con nuestra mente, nuestro espíritu y nuestro cuerpo. Una respiración para cada uno.

2. Cerrar los ojos para enfocarse en el mundo interior y eliminar las distracciones del mundo exterior.
3. Preguntarse qué sensación física o emocional queremos corregir. Con esa intención en mente, empezar a entonar las cinco vocales, una por respiración. Repetir varias series.
4. Después de unos tres o cinco minutos, detenerse y dedicar un par de minutos a dejar que la vibración termine su efecto en nuestro cuerpo físico y en los cuerpos sutiles.
5. Comparar cómo nos sentíamos antes de entonar y cómo nos sentimos después. Esta es la prueba de su eficacia aunque no la única.

Las vocales son el sonido más simple y el más efectivo. No necesitas saber música, ni tener buena voz, ni saber cantar. Tan fácil como usar la voz sin necesidad de crear melodía, armonía o ritmo. Cualquiera sabe pronunciar las vocales: A, E, I, O, U con la entonación que más le guste. La propuesta está al alcance cualquiera.

Una o dos veces al día y listo. Lo interesante viene cuando comparas cómo te sentías antes y después de entonar. Si percibes una diferencia apreciable, ahí tienes tu razón para seguir haciéndolo. No me creas a mí, créete a ti mismo.

Los instrumentos están bien, pero la voz está mejor. No nos centremos solo en los instrumentos, sino que incorporemos la propia voz porque es el sonido autoproducido más poderoso. Entonar las vocales es algo que no incomodará a nadie (si podría ocurrir en caso de usar mantras) y es muy sencillo y divertido.

1. «a» vibración para sanar cuerpo emocional: chakra corazón.
2. «e» vibración para sanar comportamiento y expresión: chakra garganta.
3. «i» vibración para sanar cuerpo mental: chakra corona.

4. «o» y «u» para sanar cuerpo físico: chakras raíz y tatien.

Si tienes algún tipo de dolor, prueba con vocalizar y trata de averiguar qué vocal te ayuda más a calmarlo o incluso a eliminarlo. A mí me funciona bien la «i» para una jaqueca leve. Si te duele demasiado para vocalizar, pídele a alguien de tu confianza que proyecte esa vocal hacia tu cabeza, o donde sea que te duela.

La entonación de estos sonidos provoca la vibración de zonas específicas y diferenciadas del cuerpo, haz la prueba y trata de localizar a dónde se dirige cada sonido. Con la práctica, te darás cuenta de que los sonidos viajan a diferentes partes del cuerpos. La vocal «a» resuena en el pecho, las vocales «o» y «u» en el abdomen y pelvis, y las vocales «i» y «e» resuenan en la cabeza. Los chakras inferiores resuenan con sonidos más graves y los superiores con sonidos más agudos.

En mi practica de entonación, he comprobado que la «a» vibra en mi pecho, la «e» en mi garganta, la «i» en mi cabeza y la «o» y la «u» en mis chakras inferiores.

Yo me limito a entonar las cinco vocales aunque repito las vocales que siento más necesarias. Le dedico una respiración (expiración) completa a cada vocal. Le adhiero una intención sanadora y me despreocupo de lo que sucede, pues el cuerpo es sabio y absorbe o rechaza el exceso o defecto de vibraciones según sus necesidades. A veces, añado la letra «m» tras cada vocal, porque le da una resonancia intensa y duradera. La letra «m» se traduce del sánscrito como «dentro de mí». Así entono: «aaaammmm», «eeeemmmm», etc.

Hago tantas rondas con las cinco vocales como me apetece, unos minutos me bastan para sentir que he movilizado la energía estancada o bloqueada. En términos informáticos es como si el ordenador hubiera actualizado el sistema operativo y reiniciado.

Si bien trabajamos con vocales por su simplicidad, podemos emplear sílabas y palabras —normalmente mantras— tengan un significado o no. Suspirar y gemir también sirven para movilizar la energía del cuerpo. De los mantras te hablaré en otro capítulo.

> Entonar crea vibraciones que se transmiten a todo el cuerpo.

Tararear

Tararear (*humming* en inglés) es diferente a entonar. La gran diferencia consiste en que para tararear cerramos los labios y para entonar los abrimos. En seguida te darás cuenta que al cerrar tus labios, el sonido reverbera mucho más en tu cráneo porque el sonido viaja hacia dentro en lugar de hacerlo hacia afuera. Haz la prueba ahora: tararea «Ahhhh» con los labios cerrados y después entona «Ahhhh» con los labios abiertos. ¿Notaste la diferencia?

- Tararear: menor volumen, mayor vibración. Sonido hacia adentro
- Entonar: mayor volumen, menor vibración. Sonido hacia afuera

Entonar y tararear potencian y benefician nuestra salud y bienestar.

Tararear es siempre relajante. Dime si alguna vez te has sorprendido tarareando o canturreando una melodía cuando te sentías bien y contento. ¡Seguro que sí! Lo mismo para una madre que le tararea a su bebé para calmarlo. Es algo que hacemos todos alguna vez de forma espontánea e instintiva. Cuando nos sentimos bien, queremos comunicar a otros (o a nuestro cuerpo) que todo está bien y lo hacemos mediante la vibración del tarareo.

Normalmente tarareamos cuando hacemos algo que nos gusta; por ejemplo, cuando nos duchamos o hacemos alguna actividad manual satisfactoria. Pero, ¿qué es primero tararear o la emoción? ¿La gallina o el huevo? Sin poder asegurarlo, diré que como mínimo se retroalimentan.

Tararear te resulta familiar... ¿Alguna vez cerraste los ojos y dijiste: «mmmmmm» tras un bocado delicioso? Seguro que sí. Pues bien, sin saberlo, estabas tarareando la palabra semilla *Om*, prana, abreviada en la letra «m». Como te puedes imaginar, tararear el sonido del prana es reproducir vocalmente la energía fundamental en ti. Tararear y entonar *Om* tienen el mismo efecto.

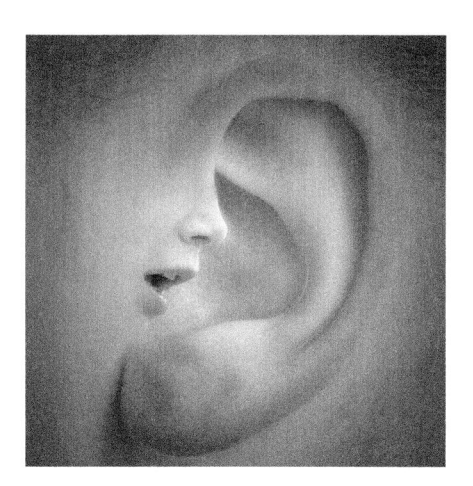

| El timbre de la propia voz relaja el organismo

La voz resuena en todo el organismo, creo que es por eso que los místicos han canturreado mantras desde la antigüedad. Por ejemplo, del célebre mantra «Om» se dice que reproduce la «vibración de Dios», que es el sonido fundamental del universo o la sílaba creativa primordial. Dice la antigua tradición hindú que la palabra semilla «Om» es el sonido de la creación y que de su sonido proviene todo el universo.

Cantar sería otra cosa, así que no necesitas tener una buena voz, ni educarla tampoco. Aunque naturalmente, con el uso del *tuning* y del *humming* tu voz mejorará. ¡Eso es seguro! Yo me di cuenta de esto debido a mi profesión que me exige largos períodos en silencio (leer, escribir, meditar...). Además, trabajo en casa con lo que interactúo con pocas personas. Eso hizo que mi voz perdiera fuerza de forma gradual con los años y en consecuencia mi voz flaqueaba cuando tenía que participar en una conferencia, un directo en redes sociales o intervenir en un medio de comunicación. Por lo que decidí entrenarme en casa. Y encontré el *tuning* y el *humming*. Era perfecto para cuidar de mi voz y pronto descubrí el universo de las frecuencias vibratorias.

Tararear —algo que hacemos de forma inconsciente cuando estamos contentos— estimula el sistema de glándulas, con lo que el baño de neuroquímicos y hormonas está asegurado. Las glándulas secretan sustancias químicas, como las hormonas, y las liberan en la corriente sanguínea. Estas sustancias son mensajes químicos a la célula donde produce un efecto.

El masaje que ejerce nuestra voz en el cuerpo es calmante por diferentes razones. Cuando tarareamos, se liberan las endorfinas (opiáceos de producción interna) que nos hacen sentir bien y además resultan analgésicos. Tararear puede reducir el dolor por su contribución a la creación de endorfinas. Yo mismo he resuelto algunas jaquecas leves con solo tararear unos minutos. Imagino que resulta tranquilizante para el organismo oírnos cantar, lo que interpreta como que todo va bien. Adicionalmente, tararear desvía el foco de la atención del dolor al sonido. O quién sabe si todo se reduce a recibir un masaje que mitiga el dolor.

Resumiendo los efectos analgésicos debido al tarareo:

1. Endorfinas
2. Distracción
3. Relajación
4. Masaje.

También ayuda a la secreción de la melatonina que es la hormona que promueve el descanso reparador por la noche. Además de la oxitocina, la hormona del amor. Entre los efectos beneficiosos de tararear está la reducción de la frecuencia cardíaca, la presión arterial y el estrés... Podemos estar seguros de que disponemos de una auténtica «navaja suiza» con multiusos en beneficio de nuestra salud.

1) Efectos en nuestro cuerpo físico:

- Liberación de melatonina (mejor el sistema inmunológico, menor envejecimiento).
- Reducción de la frecuencia cardíaca y presión arterial.
- Liberación de hormonas vitales.

2) Efectos en nuestro cuerpo mental:

- Aumenta la relajación.
- Reduce la ansiedad y el strés.
- Mejora de la calidad del sueño.

3) Efectos en nuestro cuerpo sutil:

- Liberar el mal karma.
- Apertura espiritual.
- Estímulo de chakras.

Lo que vas a notar al usar tu voz, es que tanto el cráneo como el pecho resonarán de forma apreciable, haciendo que todos los tejidos internos vibren. Pon una mano en el pecho y otra en lo alto de la cabeza y notarás como vibran al son de los sonidos autoproducidos. Otra comprobación que puedes hacer es presionar la parte exterior de las orejas para taparlas; así aumentas la audición interna, que es como amplificar el volumen de tu tarareo, tal como se ve en la imagen del *bhramari mudra*.

Variación de *bhramari* mudra

En resumen, tararear crea vibraciones en el cerebro que liberan neuroquímicos beneficiosos, se reparan células dañadas, se promueve la creación de nuevas células y de nuevos caminos sinópticos o redes neuronales. En definitiva, tararear conlleva una cascada de efectos que equilibran nuestro órgano más preciado, el cerebro.

Tararear es como alinear la dirección del automóvil, como afinar un instrumento musical, como resetear el ordenador. Estás aprendiendo a masajear internamente los órganos con los sonidos autocreados con la voz (entonar y tararear) y a liberar energía atascada en diferentes partes del cuerpo. En mi opinión, la sanación ocurre de la dispersión de energías que bloquean nuestros cuerpos: físico, mental y emocional. En consecuencia, tras tararear o entonar se percibe un bienestar inmediato, el reequilibrio se produce desde ese momento.

Al margen de los resultados obtenidos, siempre queda una «buena vibra» después de tararear porque desatasca bloqueos mentales o emocionales. Las personas se sienten revitalizadas y elevadas después de entonar sonidos. ¿Qué sonidos? En realidad no importa tanto; lo mejor es dejarse fluir para encontrar los sonidos que más necesitamos para afinarnos.

A mí me encanta empezar una meditación con mis cuencos o entonando o ajustando mis chakras con mis diapasones. Esto crea en mí una sensación de orden y equilibrio en mi cuerpo físico y etérico. Imagino que es lo mismo que un piano cuando acaban de afinarlo.

> Afínate, eres un instrumento de la divinidad.

Sonido Consciente

La intención aplicada al sonido es la meta consciente que tenemos cuando producimos un sonido. La intención se expande con el sonido. Lo más revelador que descubrí al respecto es que el sonido transporta conciencia. Por lo que no me equivocaré si afirmo que añadir una intención consciente al sonido, lo eleva a la categoría de práctica de transformación.

La intención empodera el sonido.

Jonathan Goldman, experto en frecuencias de sonido, con numerosos libros sobre el tema, llegó a la interesante fórmula:

FRECUENCIA + INTENCIÓN = SANACIÓN

El sonido es efectivo por su lado, la intención es efectiva por su lado; y juntos, crean un efecto combinado ¡más efectivo aún! Si vas a explorar la experiencia de la terapia de sonido, enfócate no sólo en aprender a proyectar el sonido, sino también en adherirle una intención transformadora. Añade una intención, no te conformes nada más con el sonido; combínalo con una intención o propósito. Entonces, al entonar o tararear, la intención enfocada se amplifica a través del sonido que la transporta.

La intención actúa como amplificador del poder sanador del sonido, se dirige mentalmente como un rayo láser a la parte de cuerpo, o a las emociones, que necesitan equilibrarse. Parece magia, chamanismo, esoterismo... tal vez lo sea, pero funciona y puede producir resultados asombrosos.

Las intenciones viajan sobre frecuencias impulsadas por sonidos.

El uso de la voz es ideal para adherirle una intención. También podemos añadir una intención al sonido de un cuenco o de un gong; pero sin duda es más natural hacerlo con la voz.

El autor de desarrollo personal Wayne Dyer nos enseñó a establecer nuestras metas conectando con el «poder de la intención» creativa, simplemente entrando en armonía con el campo de todas las posibilidades. Según sus enseñanzas, nada más poderoso que conectar con el espíritu y entregarle los deseos; de esta forma la intención creativa del espíritu se ocupará de que las cosas sucedan de la forma más perfecta. Para él, la intención es un vehículo, pues el Amor hace todo lo demás.

Nuestro trabajo con el sonido se centra en decir «Sí, es esto», pero no en decidir «cómo lograrlo». Con el sonido es igual, las frecuencias saben dónde y cómo actuar. Establece tu intención sanadora y relájate, no pretendas hacer todo; la inteligencia de la naturaleza sabe hacer su parte mejor de lo que cualquiera de nosotros pueda hacer. Vivir en perfecta salud es nuestro estado natural. Si no estorbamos, la recuperaremos porque la vida se enfoca en la salud.

Primero introdujimos el tarareo y entonación inconsciente, o sin enfoque, permitiendo que el sonido vaya allí donde más se necesita y haga lo que tenga que hacer. En una segunda fase, tarareamos y entonamos con una intención dirigida a un fin concreto. A eso me refiero con el sonido consciente.

Activando el campo de posibilidades con la intención

Si vas a explorar la senda del «baño de sonido», enfócate no solo en crear sonidos sanadores, sino también en adherirles una intención transformadora. Puede ser sanar, evolucionar, transmutar,... etc. Lo que sea que represente un reto en tu vida. No lleves el sonido sólo al oído, condúcelo al corazón.

Y el procedimiento para «codificar la intención» en el sonido es...

1. Aclara la intención de tu práctica vocal. Puede ser subir el ánimo, disolver una preocupación, relajarse, calmar una jaqueca, tratar el insomnio, aliviar una molestia física o un dolor, resolver una dolencia crónica...
2. Inspira profundamente y en ese momento codifica la intención (decreta el fin).
3. Expira y exhala el sonido vocal (tarareo, entonación) junto con la intención. Dalo por hecho, no dudes.

Veamos ahora cómo inventar el futuro. Cuando escuchas una vieja canción que te trae recuerdos recuperas las emociones que esa melodía creó en ti en el pasado. El sonido hace de puente entre el presente y el pasado. Eso ocurre porque el sonido crea conexiones de recuerdos. El olfato también lo hace. Pero, ¿por qué no crear «recuerdos del futuro» deseado? Imagina tu ideal de vida y mientras lo haces, escuchas una música elegida previamente. Si repites y enseñas a tu cerebro a asociar esa música con esa visión de futuro ideal, cada vez que la escuches estarás creando tu futuro. Es lo que se llama un «anclaje» en la Programación NeuroLingüística (PNL). Crearás tu futuro con un sonido. Tal vez el origen del universo fue algo parecido.

No importa si tu intención trata de conseguir sanación, cumplir un sueño o cualquier objetivo que te propongas en la vida. Lo que sugiero es asociar un patrón sonoro a un resultado deseable y, después, someter la mente a ese patrón musical en estado de relajación o estado mental alfa.

Quiero terminar este capítulo con un concepto tan importante como es el «sonido fundamental». En mi cosmovisión personal, considero que los seres *cantamos* una *canción* particular, que somos hijos de un «sonido fundamental» muy particular y personal, que describe una misión de vida concreta y que solo puede ser *cantada* por cada cual. Entonar nuestro «sonido fundamental» es nuestra contribución a la evolución de la especie. Pienso que poseemos una «firma vibracional», una huella de «sonido primordial» única y propia, que nos define y sintetiza la razón de nuestra venida al planeta.

El «sonido fundamental» es como nuestro mantra esencial, la frecuencia en la que vibramos. Y este tono es la llave que restaura la salud y activa la espiritualidad.

Por esa razón, no mueras con tu canción adentro, cántasela al mundo. Para eso llegaste aquí. No abandones tu misión de vida sólo porque no sabes expresarla con palabras. Obtendrás el significado de tu propósito de vida cuando te hayas conectado con tu «Yo Soy» y con la inteligencia que te creó. Y pienso que el viaje armónico de los «baños de sonido» te pueden ayudar en esto.

Los humanos somos notas en una composición infinita del Cosmos.

> El sonido es el vehículo donde viaja la conciencia.

SEIS

AJUSTE DE CHAKRAS

Cuerpos etéricos

Los seres humanos, los animales y las plantas emiten emanaciones energéticas, poseen un cuerpo de luz que llamamos por lo común «aura». En efecto, nuestro cuerpo material está envuelto de diversos cuerpos sutiles —envoltura pránica—, cuyo halo es perceptible solo por personas clarividentes o por las cámaras de fotografía Kirlian.

En 1939, Davidovich Kirlian en Rusia consiguió fotografiar un campo de corrientes eléctricas de alta frecuencia, con una cámara muy sensible (fotografía de alta frecuencia). Su invento plasmó las emanaciones de colores brillantes que rodean el cuerpo humano. Lo que habían anticipado los místicos, ahora podíamos verlo gracias a una cámara. No solamente el cuerpo humano revelaba su aura sino que también las plantas e incluso los objetos inanimados como una piedra o un tronco de madera (aunque en estos casos carecían del brillo y vivacidad de los sujetos vivos).

El «aura» es como la «piel del alma», nos protege y actúa como antena receptora y emisora de información sutil. Nos conecta con el cosmos, con el planeta, con otras criaturas y con la Fuente. Es el curso de energía sutil.

El Sol central de la galaxia emite frecuencias, a través de las estrellas o soles, que nuestro planeta recibe y transmite a nuestro cuerpo sutil. Esos patrones de frecuencia viajan en la luz y afectan nuestra aura. La creación es una inmensa sinfonía de frecuencias. Es una creencia, pero intuyo que desde el centro de la galaxia recibimos guía para elevar nuestra frecuencia siguiendo un Plan Divino.

Como raza, somos polvo de estrellas y resonamos a su frecuencia. Recuerda que nuestro origen no es de este planeta, somos la destilación del ADN de innumerables razas interestelares y fuimos sembrados en este planeta. Nuestra aparición aquí no fue casual, ni fruto de una supuesta evolución de especies como te han contado; formamos parte de un plan cósmico inacabado. Conozco más detalles asombrosos de nuestro origen que no puedo explicar aquí.

Volviendo al aura, cuando un ser es de mente y corazón puros, su aura está limpia, brillante, vibrante. Su protección energética está en expansión y se extiende unos metros más allá del cuerpo físico, creando una influencia positiva en otros seres. Como emisor, atrae a personas y circunstancias que resuenan con su misma frecuencia.

No debería extrañarnos tanto disponer de un «vestido energético»; pues ya usamos vestido, zapatos y sombreros para protegernos. Nuestro cuerpo energético, aura, nos protege de las vibraciones opuestas. El bien queda aislado del mal.

Cuando el ser es de mente y corazón impuros, su aura es sombría, irregular, débil y queda abierta todo tipo de energías negativas que se sienten atraídas por esa polaridad regresiva. Actuará como un filtro que solo dejará pasar aquello que reconoce como igual, frecuencias aún más bajas y apagadas. El mal queda aislado del bien.

| Auras o campos toroidales electromagnéticos

El aura actúa como receptora y, a la vez, como emisora de frecuencias. Es, por así decirlo, nuestra *antena* que capta y emite señales que los sentidos no perciben. Capta rangos de frecuencias según la sensibilidad de cada persona y lo hace por afinidad vibratoria, por resonancia. Cada nivel de conciencia proyecta una emisión-recepción de frecuencias vibratorias distinta.

El aura, o cuerpo energético, almacena recuerdos —sí, exacto, ¡fuera de tu cuerpo!— y esa memoria puede metabolizarse (resolverse si creó un trauma) con una vibración reparadora. Cada experiencia tiene una frecuencia vibratoria determinada que se almacena en nuestro campo energético.

La resonancia es el fenómeno por el cual reaccionamos o no a otras frecuencias. La resonancia es la «empatía vibratoria», es decir, resonamos con lo que es parecido a nosotros y no lo hacemos con lo que difiere (disonancia). Con los instrumentos sucede igual, las notas iguales resuenan por simpatía.

Nuestros siete cuerpos sutiles se superponen en orden, según su finura y sensibilidad. Los cuerpos vibracionales (pueden recibir diferentes nombres según otros autores) se establecen siete cuerpos, con siete colores, en siete chakras, para siete notas.

1. Físico
2. Etéreo
3. Emocional
4. Astral
5. Mental
6. Espiritual
7. Causal.

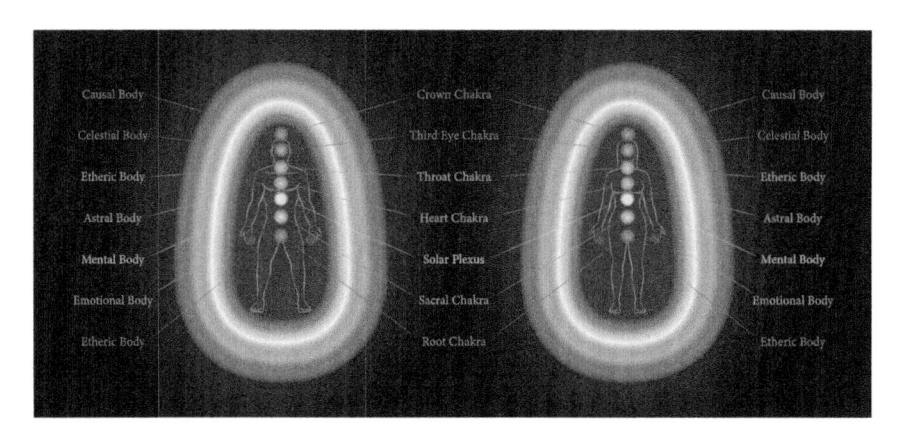

| Los siete cuerpos sutiles

Si te preguntas cómo se conectan nuestros cuerpos sutiles con el cuerpo físico es a través de los chakras que son portales de entrada y salida entre lo físico y lo sutil. Los chakras están ordenados de menor a mayor sutileza y frecuencia de vibración. Se les representa con un círculo en la parte frontal y en la dorsal del cuerpo (salvo el corona y el raíz que actúan como contrapartes entre sí).

El cuerpo físico recibe las vibraciones de los cuerpos etéricos. Los cuerpos de energía se manifiestan en el cuerpo físico, lo determinan. Reequilibrar los chakras es reordenar la energía del cuerpo sutil.

El cuerpo sutil también recibe y conserva emanaciones energéticas de otros seres. ¿De otros? Sí, a lo largo del día, intercambiamos patrones energéticos y acumulamos patrones energéticos en nuestras interacciones sociales. Debemos ser conscientes de ello y proceder a limpiar nuestros cuerpos sutiles de forma regular. Es nuestra elección el aceptar o rechazar las frecuencias vibratorias que recibimos de nuestro entorno. No hace falta que diga que el despertar de la humanidad será fruto de frecuencias más elevadas.

Podemos almacenar impulsos vibracionales en el aura que no pueden ser metabolizados en el presente pero que resonarán con nosotros cuando desarrollemos nuevas frecuencias en nuestra aura. Son como «semillas energéticas» que brotarán cuando el contexto sea adecuado. Es lo que se conoce como recibir un llamado, ser receptivo, inspirarse... En su momento muchas piezas encajan y hacemos un salto evolutivo que simplemente estaba esperando una nota en nuestro corazón con la que resonar.

La intuición, la inspiración, la buena suerte, las sincronicidades... todos esos fenómenos se explican con la ampliación de la frecuencia vibratoria para resonar con semillas etéricas para la evolución. Nuestras células y ADN tienen su campo vibracional que absorbe patrones procedentes de nuestra conciencia, de la conciencia de la Tierra y de la conciencia del Cosmos. Y es así como restauraremos nuestro magnífico ADN original, ahora mermado.

Al final, todo se resume en cómo relacionamos nuestro pequeño microcosmos personal con el universo. Y, a los efectos de este libro, estamos descubriendo cómo ciertos sonidos de instrumentos y tonos vocales pueden reequilibrar el flujo de energía de cada chakra. Y con ello, reactivar nuestros cuerpos físico, mental, emocional y espiritual. Una vez seamos plenamente receptivos, recibiremos el flujo de información que el cosmos tiene previsto para nuestra evolución como especie estelar.

Vamos a ajustarnos, a afinarnos y lo haremos reequilibrando los chakras. Aprenderemos la higiene del aura y la introduciremos en nuestra vida como un hábito diario. Veremos cómo sellar el campo áurico con poderosos mantras y *bija* mantras y protegernos de influencias negativas del entorno. Para ello, nos apoyaremos en sencillos instrumentos y sencillas palabras sagradas. No pretendamos interpretar música o cantar, sino «afinarnos». Somos instrumentos del Creador, y como tales, deberíamos afinarnos regularmente para expresar su Plan Divino dignamente.

> Entramos en armonía cuando resonamos con el cosmos.

Protección del cuerpo sutil

El aura, el conjunto de cuerpos sutiles que envuelven el cuerpo físico, debería recibir atención y cuidado. Que sea invisible a los ojos no significa que no exista. Si nos aseamos a diario, razón de más de hacer lo mismo con el cuerpo sutil. Cuidemos el aura del mismo modo que cuidamos de nuestra piel, porque en realidad es nuestra «piel energética».

Para protegerte, elige la luz, no luches contra la oscuridad. Ten respeto a la oscuridad, nunca odio. Simplemente di «sí» a lo que deseas y lo que no deseas deberá retirarse porque, recuerda, estás al mando de tu vida. En efecto, la frecuencia de la compasión es un arma más eficaz que el miedo o el odio. No te enfrentes nunca a la oscuridad, bajarías a su nivel donde no puedes ganar. Elévate al nivel de la certeza en el Amor y serás intocable por la maldad, la cual no es otra cosa que la carencia absoluta de bondad. La mayoría de las entidades astrales perjudiciales están confusas y se encuentran perdidas.

Cuando nos exponemos con el aura abierta, nos arriesgamos a absorber energías negativas. Es por eso que te propongo varias líneas de protección para asear tu cuerpo energético y deshacerte de influencias regresivas que podrían afectar todos los aspectos de tu vida, incluida tu salud. Lo que puedes hacer es:

- Evitar ciertos ambientes o personas con las que no armonizas.
- Vigilar la calidad de tus pensamientos y emociones.
- Nutrirte con lecturas inspiradoras y sabias.
- Visualizar protecciones y defensas psíquicas.
- Recitar sencillas oraciones, afirmaciones y decretos positivos.
- Hacer sonar el cuenco cantor para equilibrar tu aura.

Ya ves que no es poco lo que está en tu mano; con un poco de atención gozarás de una excelente salud vibracional. Puedes empezar por sacar el polvo de tu campo áurico, esto es limpiarlo de influencias negativas con una oración como esta:

«Yo soy la autoridad en mi vida y estoy al control de lo

> que entra en ella. Yo estoy protegido por el Amor
> de la divinidad que me creó y cierro mi aura a
> toda influencia exterior. Mi cuerpo de luz me
> envuelve y me protege sin fisuras y queda sellado
> ahora y para siempre».

Si te gusta más trabajar con imágenes o visualizaciones, está te encantará:

> *Imagina que una bola de luz dorada queda
> suspendida sobre tu cabeza. Representa el amor
> divino el cual es ilimitado. Observa ahora como
> una columna de luz desciende de esa bola
> luminosa y recubre todo tu cuerpo, de arriba a
> abajo, como un tubo de luz envolvente. Desde
> este momento, allí a donde vayas y estés, irán
> contigo la bola y la columna de luz protectoras.*

| La luz del Amor es tu mejor protección

Si te preguntas cómo vigilar la calidad de tus pensamientos y emociones, visualiza esto:

> *Imagínate rodeado por una esfera (tu aura) a la que se han adherido sentimientos y pensamientos nocivos. Observa cómo, a tu voluntad, los expulsas de tu aura y se desvanecen. Después imagina como llegan a ti los opuesto, positivo, luminoso... ahora puedes ver tu aura limpia, radiante y reparada.*

En el caso de que hayas visitado lugares donde hay, o ha habido, sufrimiento o donde hay una gran circulación de personas (juzgados, templos, hospitales, comisarías, oficinas de empleo, casas antiguas, hoteles...), recita esta oración protectora:

> «Espíritus del bajo astral, recuerdos tristes, emociones bajas, palabras hirientes y toda expresión de falta de amor... os perdono, os libero, os deseo paz y os envío a la luz del Amor divino. Id ahora en nombre del Amor, para vuestra paz».

Durante la Segunda Guerra Mundial, James Dillet Freeman, poeta, escribió unos hermosos versos para los soldados aquí resumidos a modo de oración protectora:

> *«La luz de Dios me rodea; el amor de Dios me envuelve; el poder de Dios me protege; la presencia de Dios cuida de mí. En cualquier sitio en que yo esté, está Dios y todo va bien».*

Haz lo siguiente para limpiar, con un cuenco tibetano, tu campo áurico de energías parasitarias que colonizan tu campo energético, haz esto:

> *Siéntate cómodamente. Haz tres respiraciones profundas para deshacer tensiones. Cierra los ojos mientras sostienes en tu mano izquierda el cuenco a la altura de plexo solar. Con la baqueta, en tu mano dominante, haz cantar el cuenco por frotación en sentido contrario a las agujas del reloj; y también hazlo sonar por percusión. Sube el cuenco hasta la altura de tu frente y después bájalo hasta la altura de tu chakra raíz. Este ritual de limpieza áurica es conveniente hacerlo a menudo.*

Si el problema es una relación de pareja inconclusa o rota con dolor, la forma de liberarse de apegos es soltar a través de cortar lazos o ataduras psíquicas. Se trata de apegos o repulsiones personales, ambos crean lazos energéticos que atan a las personas involucradas sin que puedan seguir adelante en sus vidas. Se convierten en: obsesiones, dependencias, odios, rencores, adicciones, etc. Son cadenas astrales y en ningún caso son lazos de amor. Haz esta visualización para cerrar definitivamente relaciones pasadas que concluyeron pero que dejaron *enganches* entre ambos:

> *Visualízate junto a la persona de la que eres codependiente. Imagina unos lazos sutiles que os atan energéticamente y unen vuestras auras. Visualiza cómo los cortas, uno por uno, mientras repites: «Suelto, suelto, suelto, suelto, suelto, suelto...» Hasta que sientas que estáis libres de*

toda atadura energética. Suelta, libera, agradece y bendice a la otra persona a la que dejas seguir su camino. Da las gracias, suelta el pasado y sigue adelante.

Veamos qué ocurre en el campo vital de energía o biocampo.

El biocampo es el campo de energía que generamos alrededor del cuerpo, está alimentado por pulsos electromagnéticos de los átomos y las células de nuestro cuerpo. Cada órgano del cuerpo tiene su propio biocampo electromagnético; por ejemplo, el del corazón es cinco veces más potente que el del cerebro.

Su frecuencia de vibración debe ser la adecuada para mantener la salud. Pero ocurre que las radiaciones electromagnéticas artificiales, creadas por los humanos, debilitan nuestro biocampo pues son incompatibles con la biología de nuestro organismo.

Estamos afectados por infinidad de radiaciones electromagnéticas pero las más controlables son (además de todos los electrodomésticos): teléfono móvil, ordenador, wifi, teléfono inalámbrico DECT...

Del estudio de la geobióloga Regina Martino en su obra «*Shungite, protection, healing and detoxification*» (te recomiendo su lectura) se desprenden los siguientes datos.

Una persona no irradiada por emisiones eléctricas o magnéticas externas tiene un biocampo o campo vital completo, al 100%; eso sería un campo electromagnético de unos dos metros de radio, cuatro de diámetro, a todos los lados y en 360 grados, incluido por arriba y por abajo. Es decir, una burbuja de energía procedente del propio cuerpo. Además, contaría con una permeabilidad o sensibilidad a intromisiones del 8.5% dentro de esa burbuja. Esos dos metros hacia adelante y hacia atrás serían el rango de proyección y alcance de sus chakras.

- Si se expone a una llamada de teléfono móvil, tendría una campo vital recortado al 60% y una permeabilidad de 22%, con un biocampo encogido de un metro de radio.
- Si se expone a una llamada de teléfono inalámbrico o DECT, tendría una campo vital recortado al 65% y una permeabilidad de 21%, con un biocampo encogido de un metro de radio.
- Si se expone a un ordenador portátil, tendría una campo vital recortado al 70% y una permeabilidad de 16%, con un biocampo encogido de metro y medio de radio.
- Si se expone a un emisor de WIFI, tendría una campo vital recortado al 75% y una permeabilidad del 16%, con un biocampo encogido de metro y medio de radio.

Esta es la razón de que muchas personas se sientan agotadas al final del día debido a que su envoltura electromagnética ha sido mermada por infinidad de radiaciones eléctricas y magnéticas nocivas en su entorno.

No hace falta que diga que un biocampo reducido y permeable limita las opciones de salud y bienestar de una persona. Por suerte todo tiene remedio. Además de tratar de exponernos el menor tiempo a las radiaciones externas, podemos usar el mineral de la shungita del que hablé en mi anterior libro «Secretos Espirituales Revelados». Simplemente con un colgante de ese mineral se corrigen por completo los efectos mencionados siempre que nos expongamos a un uso normal de esos aparatos electrónicos.

En Internet encontrarás diferentes tiendas online dedicadas a este mineral, pide siempre que te certifiquen que el mineral proviene de Karelia, Rusia.

| Mineral de shungita con diferentes formatos

Lector, la terapia de sonido cuidará de tí pero si por tu parte no cuidas tu alimentación, no haces ejercicio, te expones a excesivas radiaciones electromagnéticas, no reduces tu estrés... etcétera, me temo que ningún cuenco, gong o diapasón o mineral protector podrán afinarte con efectos duraderos. Cuida tu aura, cuida tu biocampo... y tu salud te lo agradecerá.

> Tu cuerpo físico es solo uno de los diferentes cuerpos que habitas.

Ajuste energético de Chakras

Los sabios orientales saben desde miles de años que el ser humano posee centros de energía sutil que recorren la comuna vertebral, así como infinidad de meridianos. Los hindúes señalan siete chakras, los tibetanos los agrupan en cinco (unen los dos inferiores además de los dos superiores).

No son visibles porque se ubican en el cuerpo etérico, pero son algo muy real.

Obtengo evidencia cuando medito, mi chakra corona se activa y aumenta su velocidad de giro de tal manera que noto sensaciones físicas (cosquilleo) en la parte superior de la cabeza. También recuerdo cómo, a consecuencia de un desengaño amoroso hace unas décadas, mi chakra corazón literalmente estalló quedando en ruinas (bloqueado) durante años. O recuerdo cuando nació mi hijo, apenas vi su carita grité instintivamente: «¡Ahhhhh!» que es el sonido de la creación del chakra corazón y noté como se expandía. Son solo tres ejemplos de sensaciones físicas muy evidentes que atestiguan su realidad; de hecho, nuestro cuerpo y órganos esenciales están sometidos a su influencia y de ellos depende nuestra salud.

Los chakras —ruedas energéticas— son vórtices de energía a diferentes frecuencias vibratorias que se asocian a ciertos puntos del cuerpo y proporcionan la energía vital para que los distintos cuerpos (físico, mental, emocional y espiritual) puedan funcionar. Son el puente o portal entre el ámbito invisible y el visible. Somos espíritu y materia y los chakras son el nexo de unión entre esta dimensión 3D y las superiores.

Los chakras vibran a su propia frecuencia. Cuando un chakra se desajusta, una parte o varias del cuerpo físico lo acusa, aparecen síntomas y finalmente la enfermedad. Los desajustes del organismo

EL PODER SANADOR DEL BAÑO DE SONIDO

se deben a un ritmo acelerado o ralentizado, bloqueo o cierre.

Los chakras son también portales entre el mundo físico y el mundo sutil. Podemos localizar infinidad de ellos en nuestro organismo aunque los resumimos en aras de la simplicidad en siete chakras principales; que son portales a otras dimensiones, de ahí que seamos seres multidimensionales.

Centros de energía o portales a otras dimensiones.

Como ya se ha escrito mucho sobre este tema, no voy a hacerlo yo aquí. Encontrarás muy buenos libros sobre los chakras para profundizar en ello. Yo me limitaré a hacer una lista escueta con su: ubicación, significado, color, nota, energía, elemento, vibración y sonido. Cada chakra tiene su propio sonido, que es la llave para su ajuste y afinación).

La medicina hindú Ayurveda utiliza desde hace miles de años el sonido de la voz (canto de mantras) para equilibrar los chakras. Vocalizar ciertas sílabas, palabras, mantras… produce frecuencias de vibración, ondas, que hacen vibrar los centros de energía llamados chakras. De modo que los despierta, activa y acelera o desacelera.

Cada chakra resuena con diferentes frecuencias de sonidos. Al equilibrar los chakras principales, se equilibra el cuerpo físico y los cuerpos sutiles. Para ello utilizamos: vocales, mantras y bija mantras para armonizar los chakras. El empleo de sonidos vocálicos es el remedio más sencillo y a mano en la cultura oriental que prima la sabiduría por encima de la tecnología. Diferentes culturas han reconocido el poder del canto y la voz humana para desarrollar la vida espiritual y restablecer el bienestar en el cuerpo.

Cada chakra tiene una llave sónica que lo activa. Algo así como una «frecuencia coherente», consistente, que opera a una cierta amplitud de onda. Lo contrario sería una «frecuencia incoherente», inconsistente. Sin duda, el sonido armónico nos equilibra y el que no es armónico nos desequilibra. La prueba es que la humanidad ha creado música hermosa, coherente, desde el principio de los tiempos. Y su fin va más allá del entretenimiento.

Recordemos ahora los centros de energía principales:

Los siete chakras principales

- 1º Muladhara, raíz, supervivencia, rojo, FA, yo soy, tierra, 256 Hz, *Uuh*
- 2º Svadhishthana, tantien o hara, fuerza vital, naranja, DO, «yo manifiesto», agua, 288 Hz, *Uoo*
- 3º Manipura, plexo solar, poder, amarillo, SOL, «yo acepto», madera, 320 Hz, *Ooh*
- 4º Anahata, corazón, emociones y amor, verde, RE, «yo amo», fuego, 341,3 Hz, *Aah*
- 5º Vishudda, garganta, comunicación, azul, LA, «yo expreso», aire, 384 Hz, *Aee*

EL PODER SANADOR DEL BAÑO DE SONIDO

- 6º Ajna, tercer ojo, mental e imaginación, violeta, MI, «yo discierno», éter, 426,7 Hz, *Eeh*
- 7º Sahasrara, corona, unión espiritual, dorado, SI, «Yo Soy», éter, 480 Hz, *Iih*.

Relacionamos los siete chakras con colores, notas, palabras semilla, frecuencias, órganos, etcétera. A través de estos portales energéticos recibimos el *Chi* o *Prana* que es la energía vital que permite la vida en este plano físico de la 3D. De la misma manera que la gasolina es la destilación del petróleo, el *Chi* es la destilación del sonido. Y ese «combustible energético» es lo que nos permite funcionar en este plano.

El sonido no es intrusivo, armoniza el «ruido», lleva la incoherencia a la coherencia. ¿Intuyes el poder sanador del sonido? Especialmente es eficaz con asuntos emocionales no resueltos que dejaron una «mala vibra» y que se pueden afinar. Por ejemplo, el estrés desarmoniza la frecuencia vibratoria y el sonido coherente, por resonancia, lo corrige.

Hagamos un ajuste de chakras mediante el sonido reparador de los cuencos tibetanos.

Un profesional dispone de un juego de cuencos afinados a los siete chakras. Se colocan en paralelo al cuerpo, junto al receptor, y a lo largo de su cuerpo; un cuenco para cada chakra, de mayor tamaño (pies) a menor tamaño (cabeza). Y uno por uno, se van activando, de forma ascendente y escalonada, de más grave a más agudo. Siete cuencos, siete chakras. El receptor simplemente permanece atento al sonido, si lo desea puede visualizar el color de cada chakra a medida que el sonido va ascendiendo y descendiendo.

El terapeuta profesional requiere de un cuenco de tamaño medio con el que testar los chakras para determinar cuáles podrían estar desajustados. Esto lo consigue haciendo sonar el cuenco delante de cada chakra para evaluar si suena armónico o distorsionado (se requiere práctica para captar tal sutileza). Aquel chakra que dé muestras de cierta inarmonía requerirá unos cuantos toques sonoros hasta que gire a su frecuencia correcta, lo que se sabe cuándo el cuenco termina por sonar de forma limpia.

Y ahora vamos a tu ajuste de chakras mediante el sonido de vocales.

Nada más sencillo y efectivo que el uso de la voz entonando vocales para equilibrar los chakras. Si quieres comprobar como resuena cada parte de tu cuerpo al entonar, bastará con poner las manos en esa parte del cuerpo.

Resérvate un mínimo de siete minutos, uno para cada chakra, y retírate a un lugar tranquilo donde no molestes ni seas molestado. En postura de meditación, dedica tres respiraciones diafragmáticas completas a cada chakra. Inspira profundamente y mientras expiras el aire pronuncia la vocal de cada centro de energía. Empieza por chakra raíz y ves subiendo, desde el primero al séptimo. Tres respiraciones, tres tonos, poco más de un minuto en cada uno.

Puedes entonar de forma ascendente (de más grave a más agudo) o descendente (de más agudo a más grave). Mientras entonas las vocales enfócate en el chakra y siente cómo resuena. Te propongo terminar con la entonación del mantra «Om» para sellar la energía activada y disponer de tiempo para encajar el trabajo energético en su sitio correcto. Tienes un buen ejemplo en este video de Jonathan Goldman en YouTube: https://youtu.be/7q1PlioRNNw

Hasta aquí, hemos visto dos modos igualmente efectivos para equilibrar los chakras, experimenta ahora por tu cuenta y sigue tu intuición.

1. Con cuencos tibetanos
2. Con la voz, entonando vocales.

Prefiero no dar más pautas; de hecho, cuantas menos pautas sigas y más fluyas será mejor. Cuando aprendas a modificar las frecuencias vibratorias de los chakras podrás hacer cambios en ti porque podrás sintonizarte a «emisoras de radiofrecuencia» más elevadas. Es como si la calidad de tu emisión pasara de la OM a la FM.

> El sonido sagrado nos *afina* el cuerpo y el alma por sus propiedades físicas y metafísicas.

SIETE

SONIDOS SAGRADOS

Mantras

Durante siglos los monjes budistas de Tíbet, Bhután, Nepal (y otros países del continente que comparten filosofía) han salmodiado mantras sagrados de petición de ayuda, invocación de deidades y de alabanza. Estas frecuencias de vibración expanden la consciencia colectiva.

Los Siddhas o sabios espirituales desarrollaron la recitación de mantras durante siglos. ¿Crees que personas tan sabias invertirían tanto tiempo y energía en una actividad estéril? Ellos sabían muy bien qué hacían y sus efectos, quienes lo desconocemos somos los occidentales.

¿Por qué son efectivos? En primer lugar, por el uso de la voz que para mí es el mejor instrumento vibracional del que disponemos. En segundo lugar, porque inciden en el aura o biocampo energético. Y en tercer lugar, porque vienen cargando de intención positiva, a través de los siglos, el inconsciente colectivo. Con el tiempo, la recitación de mantras las ha convertido en palabras de poder, sonidos sagrados.

No debe extrañarnos que las diferentes religiones cuenten con oraciones salmodiadas, susurradas, canturrearás o cantadas... ¿Por qué harían eso? Para amplificar el poder de las palabras sagradas de la oración. El poder de los mantras proviene de la intención y la frecuencia que emana al repetirlos.

¿Entonces basta con pronunciar mantras sin saber su significado? En cierto modo modo sí, pero qué duda cabe que si conocemos su significado y le añadimos una intención, entonces conseguimos una frecuencia potente y afinada. ¿Exigen seguir una religión o tener unas creencias? En absoluto, su realización no es patrimonio de ninguna fe, sino de la humanidad. El medio utilizado no es más que el vehículo de un fin. Estamos trabajando con energía bajo frecuencias de vibración, un idioma universal en el más amplio sentido de la palabra, ¡es cómo habla el cosmos!

Consideremos los mantras como una herramienta espiritual sin connotaciones religiosas.

Es cierto que, para los budistas, muchos de sus mantras se corresponden con una cualidad búdica, o con un Buda o una divinidad al que se invoca para despertar esa misma cualidad en quien los recita. Pero no creo que eso limite su uso por un occidental. Según el budismo, todas las cualidades deseables ya residen en cada ser humano desde su nacimiento (cualidad búdica) y solo precisamos de la llave para despertarlas; esa llave son los mantras.

Se ha descubierto que los sonidos de muchas tradiciones sagradas del planeta son abundantes en sonidos de alta frecuencia, conocidos por sobretonos armónicos. El canto de armónicos es una práctica espiritual. Otra cosa es que diferentes religiones los utilicen sabiamente (cantos gregorianos, budismo, shamanismo). Es un hecho que los monjes de ciertos monasterios tibetanos son capaces de emitir dos y hasta tres tonos ¡a la vez! Se dice que el sonido fundamental incide en el cuerpo físico y los armónicos inciden en el cuerpo sutil. Y se cree que estos sonidos armónicos estimulan la salud y el bienestar general.

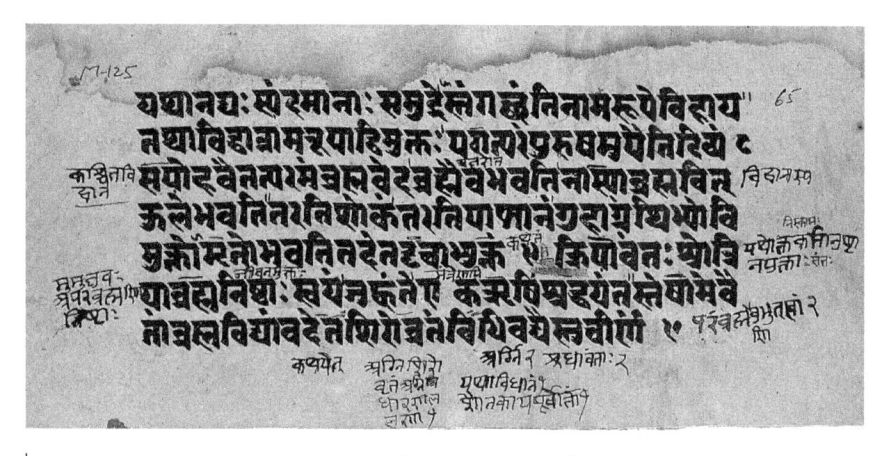

Los mantras proyectan la energía de su intención

No confundas sagrado con mágico. Los mantras no son magia. No son una palabra como «Abracadabra» usada por los prestidigitadores y que hace posible lo imposible o crea milagros. Eso es superstición. Lo sagrado tiene que ver con el conocimiento esencial que conduce a la divinidad y al despertar de sus cualidades en los humanos. La intención de quien pronuncia un mantra lo hace todo. Recuerda que las palabras tienen alma, tal como creen los sintoístas. ¿El alma de quién? De quién pronuncia la palabra puesto que le adhiere su intención creativa.

Mantra es una herramienta de sonido y vibración mística. Es el uso más sagrado de la voz. Y los encontramos como «palabras de poder» en diferentes tradiciones de sabiduría. Recitarlos concentra la mente en un foco y así evitan la dispersión mental. En la meditación es clave tener algo en lo que enfocarse para evitar la distracción: una llama, un mantra, la respiración... Sin embargo, una repetición mecánica y vacía es de efectos insignificantes.

Por ejemplo, el mantra «*So Ham*» es el mantra de la respiración, significa «Yo Soy», y en la práctica se repite mentalmente mientras aspiramos (*So*) y expiramos (*Ham*). Nada te da tanta conexión como repetir este mantra, acompasado con la respiración, que reafirma tu identidad profunda y real. Durante la meditación, su recitación evita que la mente divague en asuntos personales.

Pero no es este el único mantra para estar enfocado, hay infinidad de mantras y te recomiendo buscar bibliografía al respecto para profundizar en ello; así como escuchar composiciones de música para cantarlos (YouTube, Spotify...). Una cantante especializada en mantras es Deva Premal, de quien soy muy fan, y a quien te recomiendo.

Para los tibetanos los sonidos sagrados *Om, Ah* y *Hung* constituyen el inicio común de textos, mantras y cánticos. Son las tres sílabas más populares y poderosas del budismo. Se les llama sílabas-semilla (*bija*) y representan virtudes del Buda:

- **Om**, el cuerpo de Buda. Virtudes: paz, claridad, firmeza
- **Ah**, el habla de Buda. Virtudes: energía, amplitud, expansión
- **Hung**, la mente de Buda. Virtudes: unidad, infinitud, iluminación.

«Om Ah Hung» es el mantra que antecede a otros muchos mantras, es la bendición inicial con la que se introduce los mantras. ¡No te extrañe verlo por todas partes!

Como los mantras se han usado durante siglos por meditadores de muchas partes del mundo, llevan impresa la energía del amor y la intención de la realización. Cuando muchas personas han entonado un sonido, por mucho tiempo, con una intención bondadosa, las palabras se cargan de la energía de esa frecuencia y el poder alcanza a cualquiera que las pronuncie una vez más.

Los mantras son palabras de poder cargadas con la intención de millones de personas durante cientos de años. Piensa en palabras como «*Om*» y «*Amén*» que unen lo humano con lo divino. Son sonidos sagrados que nos acercan a la luz porque su vibración es muy alta.

Esas dos palabras bendicen y transforman el cuerpo, el espíritu y la mente. Sus sonidos purifican actos, palabras y pensamientos; los cuales quedan bendecidos por el cuerpo, la palabra y la mente de los budas o seres iluminados que las salmodiaron antes de nosotros.

Símbolo hindú del mantra Om

Om es el mantra madre de todos los demás mantras; y, de hecho, se incluye en muchos de los mantras. Dicen que es el «sonido primordial» del universo, el primero. Ya te he hablado de tu «sonido primordial», pues bien, la Tierra tiene el suyo y el universo también. Fíjate en la imagen, el trazo inferior izquierdo simboliza los chakras 1 y 2. El trazo izquierdo superior, los chakras 3 y 4. La media luna tumbada de la derecha, los chakras 5 y 6. Y el punto de encima es el chakra 7.

Ah es el sonido de la paz y la compasión, es el sonido del chakra corazón y resulta clave para la transformación de la conciencia planetaria, es un sonido de ascensión. Muchas palabras sagradas contienen el sonido «*Ah*» y no es casualidad. La forma de usarlo es proyectando paz al mundo, envolviéndolo con su vibración amorosa.

Si vas a salmodiar mantras, fúndete con tu propio canto. Vocaliza en voz alta, en un murmullo o mentalmente en silencio si te hace sentir más cómodo. No importa, estas sílabas, con o sin melodía, conservan su poder para cualquiera. Úsalas como sílabas-semilla. ¿Semillas de qué? De toda clase de bendiciones.

También puedes usar de forma combinada el cuenco tibetano y los mantras mientras meditas. Yo disfruto mucho al combinar un mantra y un cuenco cantor. Es tan sencillo como hacer lo que yo llamo una «meditación de sonido» en la que salmodio un mantra a la vez que hago cantar un cuenco tibetano por fricción en mi regazo. Me concentro en la combinación de sonido. Para mí, es una práctica que reúne dos de los instrumentos más poderosos para la sanación: la voz y el cuenco tibetano, a los que añado el poder intrínseco de un mantra. ¡Pruébalo!

Una de las muchas variantes del yoga, el Nada yoga o Shabd yoga, se enfoca en alcanzar la unión con el sonido interno. Es el yoga de escucharse. Se trata de un yoga introspectivo, en el que el practicante alcanza estados de interiorización profundos para descubrir el infinito. Su práctica es sencilla, pero no fácil, pues consiste en la escucha activa interna y externamente. Y ahí radica su magia, porque si estás escuchando no puedes interrumpirte con el diálogo interno del pensamiento.

¿Para qué el silencio? Para encontrar en su tranquila paz la ausencia de conflictos, la felicidad.

Según la filosofía de este yoga, todo es vibración en el universo (nadas). «Nada» significa «vibración, sonido» en sánscrito. Es la vibración del sonido fundamental que dio paso al universo manifiesto. La concentración en sonidos externos permite distinguir los sonidos internos. El Nada yoga consiste en sentarse y enfocar la atención en la música para pasar después a los sonidos internos, momento en el que se desligan de los sonidos exteriores; actúan como un puente. El Nada yoga utiliza el canto, la música, los sonidos instrumentales y los mantras para alcanzar la armonía.

Cuando conocí el Nada yoga me quedé perplejo. «¡Esto es lo que yo hago al escribir mis libros!», me dije. Según su cosmovisión existen cuatro niveles de sonido (vibración) que son, en síntesis:

1. Brota una intención desde el silencio, un impulso creativo, de allí de dónde provenga.
2. Se concreta en una idea, visual, conceptual, abstracta, pero aún no desarrollada.
3. Se traduce de forma concreta a la forma y estructura del lenguaje en la mente.
4. Se expresa de forma hablada como un sonido audible en el mundo de las cosas.

En resumen, una intención inspira su intención creativa y la deposita en mi mente como una idea-mensaje instantánea sin forma, la cual traduzco al leguaje para estructurarla en una frase. Son cuatros niveles de vibración diferente empezando por la escucha interna desde el silencio. Ahora me doy cuenta de que no estaba escribiendo libros, ¡estaba practicando Nada yoga todos estos años!

La expresión sánscrita Nada Brahma significa «el sonido es Dios», de acuerdo con la premisa de que todo es vibración, entonces todo es Dios en diferentes niveles de vibración. Por ejemplo, la Tierra tiene su propio sonido —el latido terrestre— y por ello tiene su propia frecuencia, la cual es variable y se puede medir (resonancia de Schumann).

La Tierra ha estado vibrando a promedios cercanos a 8 Hz por mucho tiempo; pero en la actualidad, vibra en promedios de 12 Hz con picos mucho más altos. Esto supone una invitación a los humanos a elevar su frecuencia vibratoria para acompasarnos con el planeta. La frecuencia terrestre funciona como un marcapasos para nuestro organismo, mente y espíritu. Es lo que llaman la elevación de consciencia.

Volviendo a los mantras; hay muchos, incontables, y cada uno tiene una finalidad o una divinidad a la que invoca. Así como no me consta el uso terapéutico de los cuencos en el Tíbet, en el caso de los mantras, sí tengo la certeza de que se han usado en el Tíbet con efectos terapéuticos (y no solamente religiosos). Así pues, los mantras entran en la categoría de palabras sanadoras con siglos de antigüedad. Tal vez los siguientes mantras, que son muy populares, te suenen:

- *Om mani padme hum.*
- *Om tare tutare ture soha.*
- *Om nama shivaya.*
- *Om ram ramaya namaha.*
- *Om ah hung benza guru pema siddhi hung.*

Es solo una muestra, los mantras son incontables como las estrellas. Algunos de ellos son muy largos y difíciles de memorizar; pero los budistas, siempre tan prácticos, disponen de la versión acortada (de bolsillo).

No pasa ni un solo día sin que yo pronuncie algún mantra, ya es un hábito en mí.

Otros sonidos sagrados son los de la naturaleza: la lluvia, una cascada, el viento, un riachuelo, las olas del mar, el canto del pájaro, una fuente... Un baño de bosque te lleva a experimentar una inmersión en los sonidos de la naturaleza.

> Las vibraciones de sonido actúan sobre el movimiento del *prana* o *chi*.

Bija Mantras

Ya sabes lo que es un mantra: una herramienta (*tra*) de la mente (*man*). Ahora, ¿qué es un *bija* mantra? Es un mantra de una sola sílaba o una palabra de una sílaba, por eso se les llama «mantra semilla». *Bija* se traduce por semilla o simiente. Es la forma más básica de mantra y la más corta (¿te acuerdas de lo largos que pueden ser los mantras?). Los «mantras semilla» son sonidos que no tienen una traducción o significado específico. Apenas son una frecuencia de vibración.

Esto se pone interesante. Si las palabras y sonidos son semillas. Y sabemos además que las palabras tienen alma... Entonces ¡estamos sembrando consciencia! Creo que esta es nuestra misión o propósito en el planeta: despertar y elevar la consciencia individual y grupal. ¿Cómo? Pulsando nuestro sonido fundamental.

Un método para equilibrar los chakras es usar los *bija* mantras, que son sílabas sánscritas de antiguas tradiciones védicas. Los *bijas* se entonan en voz alta para hacer resonar los chakras; o en silencio mentalmente o en apenas un susurro audible. Los discípulos del Vedanta creen que los *bija* mantras nos conectan con la consciencia universal porque son vibraciones sagradas.

Los *bija* mantras se repiten una y otra vez en salmodia. Una y otra vez, como si estuviéramos forjando hierro a golpes de martillo. Con la repetición, las frecuencias se vuelven más poderosas a la vez que penetran en cada átomo del organismo. Ocurre algo parecido con las afirmaciones y las oraciones. El poder del sonido es como las incontables olas que llegan a la playa y convierten la roca en arena.

Sin ánimo de ser exhaustivo, entre los *bija* mantras más conocidos están estos:

- SHRIM (pronunciado shreen) es el *bija* mantra de la abundancia en todo aspecto (espiritual, amistad, salud, finanzas, paz...).
- EIM (pronunciado I´m) el es *bija* mantra que activa la creatividad artística (música, letras, educación, conocimiento, memoria...).
- KLIM (pronunciado kleen) es el *bija* mantra semilla de la atracción. Manifiesta aquello que es deseado, además potencia la intención.
- DUM (pronunciado doom) es el *bija* mantra de la protección ante el miedo. Invoca protección en situaciones difíciles.
- GUM (pronunciado gam) Es el *bija* mantra que elimina los obstáculos y dificultades. Proporciona éxitos en los proyectos.
- HRIM (pronunciado hreem) es el *bija* mantra que permite la verdad, disolver la fantasía y el engaño. Da claridad para apreciar la verdadera realidad.

Si vas a practicar con los mantras semilla, elige un *bija* mantra que se corresponda con la energía que más necesitas en este momento y trabaja con ese *bija* mantra por un mes para saturarte de su energía o frecuencia vibratoria. Repite ese sonido tantas veces como dispongas de tiempo cada día y remendarás tu cuerpo etérico; el cual creará los efectos deseados en tu realidad. Pero recuerda cerrar tu sesión con un repaso al resto de chakras para no quedarte desequilibrado.

¿Pueden curar las semillas de consciencia? Todo es posible, lo que es seguro es que las personas que han seguido un tratamiento médico a base de hierbas en la antigua India y antiguo Tíbet, se recuperan antes si su energía se reequilibra. Los Siddhas, o antiguos sabios, comprendían el poder sanador del sonido, en especial de los mantras y los *bija* mantras.

Ahora vamos a revisar la energía de los siete chakras principales. Has de saber que cada rueda de energía tiene asociado su *bija* mantra monosílabo.

Veámoslos:

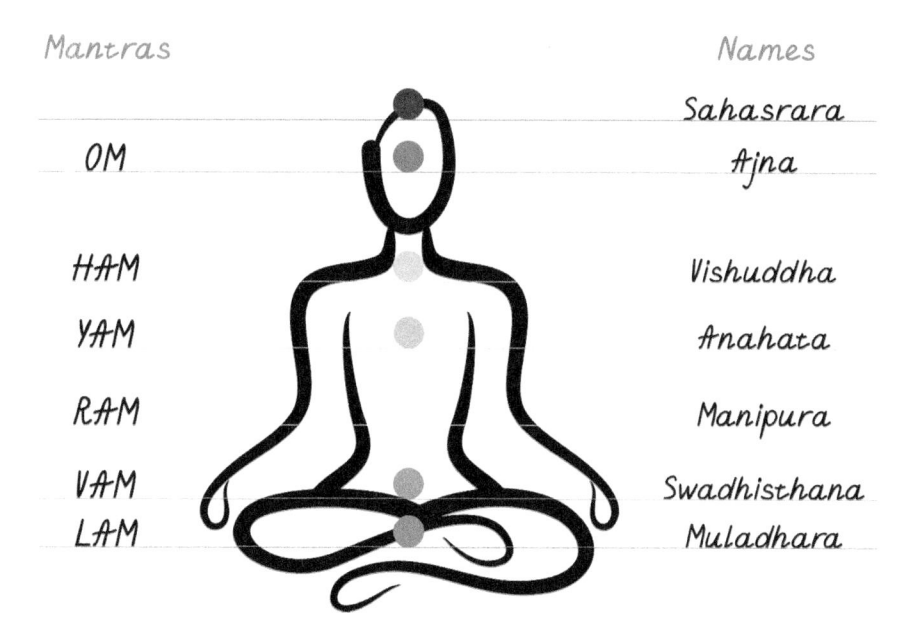

Mantras	Names
OM	Sahasrara
	Ajna
HAM	Vishuddha
YAM	Anahata
RAM	Manipura
VAM	Swadhisthana
LAM	Muladhara

| *Bija* mantras para los chakras

1. LAM (pronunciado lahm): fragancia. Chakra raíz
2. VAM (pronunciado vahm): sabor-sexo. Charkra tantien
3. RAM (pronunciado rahm): fuego y digestión. Chakra plexo solar
4. YAM (pronunciado yahm): aire. Chakra corazón
5. HAM (pronunciado hahm): éter, sonido. Chakra garganta
6. SHAM (pronunciado shahm): éter, imagen. Chakra tercer ojo
7. OM (pronunciado ohm): serenidad. Chakra coronilla.

Como ves, es en todos los casos es el mismo sonido, pero cambiándole la consonante del principio; por esa razón al pronunciarlos es necesario alargar el sonido de la consonante inicial que le diferencia. Repetimos siete veces cada uno de esos siete *bija* mantras. Vocalizamos todos y no solo uno, pues eso crearía un desequilibro con el resto de ruedas de energía.

Y después, silencio: Nada yoga.

En el silencio, se disuelven las frecuencias mientras se extinguen. El silencio inicial y el final son la condición necesaria para que el mantra sea audible. En la música, las notas no tendrían significado sin los silencios que las acompañan.

Cuando entonamos los *bija* mantras equilibramos los chakras y eliminamos bloqueos en el sistema de energía, tranquilizamos la mente y desarrollamos la contemplación espiritual. Y su poder se despliega sutilmente, ya sea al recitarlos verbalmente o mentalmente.

> *Bija* mantras, el sonido de los chakras.

Sonido fundamental

Viajemos a Japón; eso sí que es como ir a otro planeta. Allí encontramos el *Kototama* o también *Kotodama* (se traduce por «palabra espíritu») que nos revela que el origen del universo es el sonido. Bueno eso ya lo sabíamos, aunque nos gusta escucharlo una vez más, pero averigüemos nuevos detalles...

koto   dama
(word)   (spirit)

言 霊

| Las palabras tienen alma

Como sabes, el sintoísmo japonés atribuye un alma o espíritu a todas las cosas, sean animadas o inanimadas, y esto incluye a las palabras. De modo que las palabras tienen alma. ¿Qué alma? El alma de quien las pronuncia.

Encontramos referencias a esta cosmovisión en la disciplina del Aikido. El *Kototama* o *Kotodama* es la conexión del ser humano con el mundo espiritual a través de la cual se recibían ciertas palabras mágicas, con o sin significado, cuya pronunciación repetida tenía el poder de manifestar lo deseado. Estas palabras de poder eran tan secretas que no se escribían, se pasaban de maestro a alumno.

Nos encontramos ante una creencia ancestral basada en la leyenda del poeta Kirotsuma Yuki, quien salió a pasear al anochecer, tras escuchar a un vidente pronunciar ciertas palabras, y que fue gracias a estas palabras, que sus deseos amorosos se materializaron.

El mito nos dice que en un tiempo pasado, en el que sabios japoneses consideraban que las palabras sagradas procedían del mundo espiritual, no era infrecuente manifestar deseos tras pronunciar repetidamente ciertas palabras sagradas. Es decir, palabras con poder espiritual.

Las palabras positivas tienen poder positivo y las palabras negativas tienen poder negativo. Esto no debería extrañarnos si ya sabemos que en Oriente las palabras tienen alma.

Pero incluso los occidentales, sean cuál sean nuestras creencias, deberíamos cuidar nuestro vocabulario porque las palabras son energía (vibración). Y la energía transforma la palabra en realidad. No caigamos en la ingenuidad de creer que las palabras son solo vehículos del pensamiento para la comunicación, sino también profecías. Y la razón se basa en el poder de la intención con la cual las pronunciamos.

Toda palabra posee energía y es capaz de influir en nuestra realidad.

La tradición antigua del maestro y el aprendiz determina que aquel le entregue a éste su «sonido primordial», normalmente un nombre (diferente al de nacimiento) o un mantra personal que sintetiza su misión de vida. Muchos no tenemos la suerte de contar con un maestro (¡hay tan pocos y son tan reclamados!) o un gurú (un maestro espiritual), así que tenemos que apañarnos sin nuestro «sonido primordial». Pero si sigues leyendo, te explicaré un método que aprendí del músico Jordi Jauset en su libro «*La terapia del sonido*» y que propone lo siguiente.

Con tu nombre de pila y tu fecha de nacimiento, aplicando la gematría, convertiremos esos datos en un número, ese número se transforma en Hz y será tu «frecuencia primordial de resonancia». A partir de ahí, deberías encontrar un instrumento (¿un diapasón?) que vibre a esa misma y exacta frecuencia. Algo bastante difícil, por cierto. Luego te cuento mi solución práctica.

Cada letra del abecedario tiene un número asignado por orden: A el 1, B el 2, C el 3... cuando se llega a los dos dígitos se suman ambos para resumirlo en un dígito y no dos (el 10 sería 1+0= 1). El objetivo es conseguir una cifra que sintetice la información personal de nombre y fecha de nacimiento.

Vayamos paso por paso, poniendo el ejemplo de mi caso:

Mi nombre de pila: Raimon = 9+1+9+4+6+5 = 34
Mi fecha de nacimiento: xx de xx de 19xx = 41
Entonces: 34 + 41 = 75 Hz.
Esa, 75 Hz, es mi frecuencia o «sonido primordial».

| Imagina conocer el sonido de tu alma

Al ser una frecuencia baja, se ubicaría en el chakra raíz y suena como esas voces tan graves de los monjes budistas cantores que son capaces de cantar mantras a esa frecuencia de vibración, 75 Hz. Ese canto se llama Kargyraa, el canto gutural. Aunque es una práctica vocal de la zona asiática de Mongolia y Siberia, tiene varios nombres y se asemeja a un gruñido gutural (no intentes hacer nada parecido en tu casa). Ahora entiendo porque me gusta tanto escuchar los cantos de los *Gyuto Monks* y porque me siento como en casa al escucharles.

Por cierto, al hacer tus cálculos, en los resultados que obtengas no hay ni bueno ni malo, ni mejor ni peor, no hay una frecuencia mejor que otra. No tiene sentido compararse con otros. En el orden natural, todo es perfecto y tiene su razón de ser. Al fin y al cabo somos Uno, una suma de frecuencias en la composición universal, la banda sonora de la creación.

En mi caso, si me aplico los armónicos que se derivan de esa nota fundamental, calcularé sus múltiplos: 75 x 2 = 150 Hz, 75 x 3= 225 Hz, 75 x 4= 300 Hz…etc. Esos tonos serían mis réplicas de «sonido fundamental» en dimensiones superiores. Escucharlas para la afinación personal también es auspicioso, me eleva.

Lo que nadie resuelve es: «Vale, ya conozco mi tono de vibración primordial y ¿cómo lo reproduzco?» Como te dije, dudo que encuentres un diapasón con tu frecuencia exacta en el mercado y hacerlo fabricar no debe ser sencillo ni barato. Y si lo consigues… la siguiente pregunta es «¿Qué demonios hacer con él?». Como nadie me lo ha resuelto, tiré por «la calle del medio» o camino más sencillo —como hacen los budistas— y lo resolví, a mi manera, así…

Me fui a YouTube y busqué: «75 Hz» y encontré un canal que ha grabado todas las frecuencias de vibración en videos separados —isí, hay gente para todo!—. El canal de YT se llama: «*Sounds, Tones, Noises, Chirps*». Compruébalo tú mismo. En mi caso, bajé nada más el audio y lo escucho como una práctica más de afinación. No suena muy agradable, la verdad, —no es música—, pero te aseguro que tiene un no sé qué que hace que me impacte *escucharme*. Adicionalmente encontré otros videos, estos sí están musicados y suenan más agradables, que contienen mi frecuencia o «sonido primordial» en una pista de fondo y una banda musical en otra pista. Si buscas bien, encontrarás también la tuya. Te remito de nuevo a YouTube que es como la moderna Biblioteca de Alejandría.

Creo que cada persona tiene un sonido que la define, una nota primordial, la vibración que resume su evolución, su misión en este plano y que es la huella sonora de su alma en el universo.

Y ahora, querido lector; es tiempo de que pases a la acción, deja de leer y empieza a practicar. Este libro no es para enterarse de nada sino para experimentarlo todo. Te deseo una vida agradable y profunda con los «baños de sonido».

Afínate. Sánate. Elévate.

> Cultiva «palabras semilla» para sembrar toda clase de buenas venturas.

CONOCE AL AUTOR

Webs del autor:

www.elcodigodeldinero.com
www.raimonsamso.com
www.institutodeexpertos.com
www.tiendasamso.com
http://raimonsamso.info
https://payhip.com/raimonsamso
https://linktr.ee/raimonsamso

Síguele en:

Canal Telegram https://t.me/sabiduriafinanciera

instagram.com/raimonsamso
youtube.com/Raimonsamso
pinterest.com/raimonsamso
amazon.com/author/raimonsamso

www.raimonsamso.com

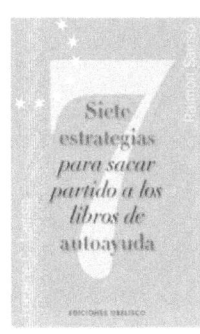

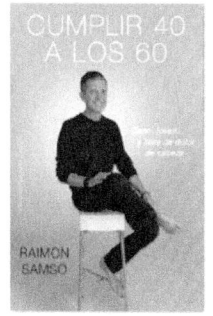

www.raimonsamso.com

SECRETOS ESPIRITUALES REVELADOS

RAIMON SAMSÓ

EDICIONES INSTITUTO EXPERTOS

EL COACH ILUMINADO
MANUAL DE ILUMINACIÓN LOW COST

RAIMON SAMSÓ
POR EL AUTOR DEL BESTSELLER "EL CÓDIGO DE LA MANIFESTACIÓN"

SABIDURÍA ESPIRITUAL

LA FELICIDAD ES UNA ELECCIÓN

EDICIONES INSTITUTO EXPERTOS
RAIMON **SAMSÓ**

TE PIDO UN FAVOR

Quisiera pedirte un favor para que este libro llegue a más personas, y es que lo valores con tu opinión sincera en la plataforma donde lo hayas comprado.

He de delegar en los lectores el marketing del libro porque en este mismo momento ya estoy deseoso de empezar a escribir otro nuevo libro para ti.

Bendiciones.

Printed in Great Britain
by Amazon